ハンディシリーズ
発達障害支援・
特別支援教育ナビ
柘植雅義◎監修

小田浩伸 編著

# 高等学校における特別支援教育の展開

●小田浩伸　　●熊本由以子

●田中裕一　　●副島勇夫

●松野良彦　　●濱本秀伸

●矢田栄美　　●清岡奈津子

●黒崎千春　　●長谷川陽一

●加納明彦　　●西村優紀美

金子書房

# 「発達障害支援・特別支援教育ナビ」の 刊行にあたって

　2001 年は，新たな世紀の始まりであると同時に，1 月に文部科学省の調査研究協力者会議が「21 世紀の特殊教育の在り方について 〜一人一人のニーズに応じた特別支援の在り方について〜」という最終報告書を取りまとめ，従来の特殊教育から新たな特別支援教育に向けた転換の始まりの年でもありました。特に画期的だったのは，学習障害（LD），注意欠如多動性障害（ADHD），高機能自閉症等，知的障害のない発達障害に関する教育の必要性が明記されたことです。20 世紀の終わり頃，欧米などの他国と比べて，これらの障害への対応は残念ながら日本は遅れ，国レベルでの対応を強く求める声が多くありました。

　しかし，その 2001 年以降，取り組みがいざ始まると，発達障害をめぐる教育実践，教育行政，学術研究，さらにはその周辺で深くかかわる福祉，医療，労働等の各実践，行政，研究は，今日まで上手い具合に進みました。スピード感もあり，時に，従来からの他の障害種から，羨望の眼差しで見られるようなこともあったと思われます。

　そして 14 年が過ぎた現在，発達障害の理解は進み，制度も整い，豊かな実践も取り組まれ，学術研究も蓄積されてきました。以前と比べれば隔世の感があります。さらに，2016 年 4 月には，障害者差別解消法が施行されます。

　そこで，このような時点に，発達障害を巡る種々の分野の成長の全容を，いくつかのテーマにまとめてシリーズとして分冊で公表していくことは非常に重要です。そして，発達障害を理解し，支援をしていく際に，重要度の高いものを選び，その分野において第一線で活躍されている方々に執筆していただきます。各テーマを全体的に概観すると共に，そのテーマをある程度深く掘り下げてみるという 2 軸での章構成を目指しました。シリーズが完成した暁には，我が国における発達障害にかかわる教育を中心とした現時点での到達点を集めた集大成ということになると考えています。

　最後になりましたが，このような画期的なアイデアを提案して下さった金子書房の先見性に深く感謝するとともに，本シリーズが，我が国における発達障害への理解と支援の一層の深まりに貢献してくれることを願っています。

2014 年 9 月

　　　　　　　　　　　　　　　　　　　　シリーズ監修 柘植雅義

# Contents

# 高等学校における特別支援教育
—— その展開と課題

小田浩伸

## 1 はじめに

　本書は，高等学校における特別支援教育の推進に向けたこれまでの施策・実践・課題をまとめることによって，新たな展開への道標になることを期待して企画した。各章で紹介するこれまでの経緯やこれからの課題，自治体や各校の先進的な実践を参考にして，今後の展開に向けた検討や取り組みに活かしてほしい。

　第1章では，高等学校における特別支援教育推進への基盤や根拠となった主な関係法令や答申，報告等を踏まえて，その展開を草創期，始動期，展開期に分けて整理した。さらに，これらの経過から高等学校における特別支援教育の今後の課題となる観点について提起した。

## 2 高等学校における特別支援教育の草創期（2001〜2007年）

　「21世紀の特殊教育の在り方について（最終報告）」（文部科学省，2001）の第3章3「後期中等教育機関への受入れの促進と障害のある者の生涯学習の支援について」において，「高等学校では，障害のある生徒の入学者選抜における配慮や障害に応じた施設の整備に関する取組を引き続き進めること」が記載され，障害のある生徒が，その能力と適性等に応じて後期中等教育の機会の充実が図られるよう，各高等学校での取り組みが求められた。その後，「発達障害者支援法」（2005年施行）において「学校教育における発達障害者への支援は責務である」と規定されたことを踏まえ，「特別支援教育を推進するための制度の在り方について（答申）」（文部科学省，2005）では，「後期中等教育における特別支援

教育の推進に係る諸課題について，早急な検討が必要である」と明記された。この草創期に出された文部科学省による報告や答申等においては，小中学校の特別支援教育の推進に関する記述が大部分を占めていたことから，高等学校における特別支援教育の推進はまだ緊急の課題にはなっていなかった。

　その後，「特別支援教育の推進のための学校教育法等の一部改正（通知）」（文部科学省，2006）で，高等学校においても，教育上特別の支援を必要とする生徒に対し，障害による学習上または生活上の困難を克服するための教育を行うことが明記された。そして，「特別支援教育の推進について（通知）」（文部科学省，2007）において，特別支援教育の理念として，特別支援教育は全ての学校で実施されることになり，校内委員会の設置，実態把握の実施，特別支援教育コーディネーターの指名，特別支援教育支援員の配置，個別の指導計画や個別の教育支援計画の作成・活用，さらに教職員研修など教員の専門性向上のための取組など，特別支援教育の体制整備が求められることになった。しかし，高等学校には，特別支援学級や通級指導教室の設置がなかったことから，特別支援教育の蓄積がない模索状態からのスタートとなった。この草創期は，まず各自治体等で，高等学校における特別支援教育の在り方，発達障害のある生徒の理解と支援，特別支援教育コーディネーターに関する研修実施による「特別支援教育の必要性の周知」が重点的な課題として取り組まれていた。この時期の高等学校の教員対象研修会では，支援を必要とする生徒の模擬ケース会議を設定すると，各グループで話し合う視点や材料が尽きてしまい，沈黙状態が続いている場面が多くみられるなど，小中学校の進捗状況とは大きな格差がみられていた。

## 3 高等学校における特別支援教育の始動期（2008〜2013年）

　特別支援教育の制度化に伴い，現状認識のために文部科学省が実施した「発達障害等困難のある生徒の中学校卒業後における進路に関する分析結果」（2009年3月時点）から，調査対象の中学校3年生のうち，発達障害等困難のある生徒の割合は，約2.9%，そのうち約75.7%が高等学校に進学し，高等学校進学者全体に対する割合は約2.2%，さらに，進学先は，特に定時制・通信制に多いとい

う結果が報告された。この調査から，高等学校に発達障害等困難のある生徒が一定数在籍していること，小中学校で支援を受けてきた生徒の多くが高等学校に進学している現状を改めて認識することになった。同時期の2009年（平成21年）3月に告示された高等学校学習指導要領では，障害のある生徒の指導に関する記述が独立した項目として明示され，その重要性が強調されるようになった。

　そして，2009年8月に，特別支援教育の推進に関する調査研究協力者会議高等学校ワーキング・グループによって，「高等学校における特別支援教育の推進について（報告）」の報告が取りまとめられ，その中で，高等学校における特別支援教育の推進体制整備，及び高等学校における発達障害のある生徒への教育支援（入試試験における配慮の在り方，生徒指導，進路指導），高等学校における通級による指導についての将来の制度化を視野に入れた種々の実践を進める必要性等，高等学校における特別支援教育を推進するために必要な方策等が示された。

　この時期から高等学校での特別支援教育が具体的に始動し，校内研修や特別支援教育コーディネーター養成研修が計画的・系統的に実施されるようになり，「特別支援教育の必要性」，「発達障害に関する理解」について，教職員の認知度が高まってきた。そして，高等学校のそれぞれの特色や生徒の実態に応じた特別支援教育の推進に向けた取組が各地・各学校で実践されるようになってきた。こうした先進的な実践の発信として，気になる生徒への「特別でない特別支援教育」をめざした実践（京都朱雀高校特別支援教育研究チーム，2010）や，高等学校において障害のある生徒と「ともに学び，ともに育つ教育」をめざした実践（成山・有本，2012）などが報告されるようになってきた。

　しかし，まだこの時期は，生徒の実態から特別支援教育の必然性が認識されて校内支援体制の整備や，専門家チーム，特別支援学校のセンター的機能の活用による支援体制の構築が進んだ学校と，ほとんど進まない学校との学校間格差が大きい状態であった。校内支援体制においては，従来から設置されていた校務分掌である人権教育担当，教育相談担当，生徒指導担当などが兼任する学校，新たな役割として校務分掌を新設する学校など，学校の特色や管理職の意向によってさまざまであった。その中でも，キーパーソンとなる特別支援教育コーディネーターの役割は一層重要であり，いち早く保健室の養護教諭がその

役割を担って，体制整備が進んでいった学校も多くみられていた。

　2011年（平成23年）1月実施の大学入試センター試験から，特別措置申請の障害区分に「発達障害」が追加され，発達障害のある生徒への配慮措置がはじまった。この配慮認定において，診断書と状況報告書とともに，個別の教育支援計画または個別の指導計画等の提出が必須になったことが，高等学校の特別支援教育の推進に大きな影響を及ぼしてきた。つまり，この新たな制度によって，高等学校においても個別の教育支援計画及び個別の指導計画の作成の必要性が認識されるようになってきた。

　さらに，2012年（平成24年）に，中央教育審議会初等中等教育分科会によって取りまとめられた「共生社会の形成に向けたインクルーシブ教育システム構築のための特別支援教育の推進（報告）」において，インクルーシブ教育システムの構築に向けた今後の特別支援教育の方向性が示された。高等学校では，入学選抜における配慮等の合理的配慮の必要性や，高等学校において自立活動を指導できるよう，特別の教育課程の編成に関する検討の必要性等が提言され，新たな展開の方向性が示された。こうした始動期のニーズに即して，これまで少なかった高等学校における特別支援教育の研修ハンドブックとして，『高校で学ぶ発達障がいのある生徒のための明日からの支援に向けて』（大阪府教育委員会編，2012）や『高校で学ぶ発達障がいのある生徒のための共感からはじまるわかる授業づくり』（大阪府教育委員会編，2012），『高等学校の特別支援教育Q＆A』（柘植・石隈編，2013）が刊行された。

　2013年（平成25年）には，高等学校の特別支援教育支援員配置の地方財政措置が開始され，発達障害の生徒に対し学習活動上のサポート体制が後押しされていった。しかし，小中学校での特別支援教育支援員配置は2007（平成19年），幼稚園は2009年（平成21年）から開始されていたことから，高等学校の特有性を踏まえて支援員制度の導入が慎重に進められたものと考えられる。

## 4 高等学校における特別支援教育の展開期（2014〜2019年）

### （1）新しい通級制度導入への準備段階

　高等学校の特別支援教育の推進に向けた施策として，2014年（平成26年）に，文部科学省の研究・開発事業「高等学校における個々の能力・才能を伸ばす特別支援教育充実事業」の開始が大きな転機となった。高等学校においても小中学校の通級による指導と同様に自立活動等を実施できるよう「特別の教育課程」の編成に関する研究とともに，教科指導等を通した個々の能力・才能を伸ばす指導の充実に関する研究を行う研究指定校（22校）が指定された。この研究の成果が高等学校の特別支援教育の前進に大きく影響を与えたと考えられる（文部科学省，2014）。この研究報告書を踏まえて，2016年（平成28年）3月に調査研究協力者会議によって「高等学校における通級による指導の制度化及び充実方策について」が取りまとめられ，高等学校における通級による指導の制度化及び充実方策が提言され，平成30年度から高等学校において通級による指導を実施する方向性が示された。

　そして，2016年（平成28年）4月から施行された「障害を理由とする差別の解消の推進に関する法律」に伴い，合理的配慮の概念が提唱され，障害のある生徒が他の生徒と同様に「教育を受ける権利」を享有・行使することための取組が進められてきた。具体的には，個々のニーズに応じた合理的配慮として，手話や点字の活用，資料や試験用紙の拡大印刷，試験時間の延長（1.3倍），板書をタブレットＰＣで写真に撮って，後で写したり，確認したりする等が実施されるようになってきた。

　さらに，2017年（平成29年）3月に告示された高等学校の学習指導要領において，総則及び各教科において「特別な配慮を必要とする生徒への指導」に関する記述が大幅に充実し，高等学校における特別支援教育の重要性が一層強調されるようになってきた（詳しくは第2章参照）。

### （2）高等学校における通級による指導（制度）の開始

　「学校教育法施行規則の一部を改正する省令」（2016）により，高等学校で障

害に応じた特別の指導を行う必要がある者を教育する場合，特別の教育課程によることができることが示された。また，告示により，障害に応じた特別の指導を高等学校の教育課程に加え，または選択教科・科目の一部に替えることができること，および，障害に応じた特別の指導に係る修得単位数を，年間7単位を超えない範囲で卒業認定単位に含めることができることが改正され，2018年（平成30年度）から高等学校等において特別の教育課程を編成して，通級による指導を行うことができるようになった。つまり，高等学校でこれまで行われてきた「授業における配慮及び支援」，「学校設定教科・科目の設定」等の取り組みに加え，特別の教育課程を編成し，一部の授業について，障がいの特性に応じた特別の指導を実施することが可能になる画期的な制度のスタートとなった。しかし，教職員にとっては，「通級による指導」，「特別な教育課程」，「自立活動」，「自校通級，他校通級」などの基本用語の理解や，「対象生徒をどのように決定していくのか」，「どのような内容を指導していくのか」，「単位認定や必履修科目との関連はどうなっているのか」など，取り組み方についてはまだ十分に共通理解できていない状況での制度開始であった。そのため，都道府県における考え方や取り組み方は様々であり，制度運用や戦略については試行錯誤の状態が続いている。

　この高等学校における通級による指導の制度によって，インクルーシブ教育システムの構築を具現化していくこと，学びの連続性を確保していくこと，生徒一人ひとりの教育的ニーズに即した適切な指導及び必要な支援が提供されることにつながるという効果が期待されている。高等学校における通級による指導の先進的な実践については，第5章 (1) (2) で紹介している。

　高等学校における通級による指導の今後の課題として，高等学校の特色によるが，各地の取り組みの情報を集約すると，主に次の観点が挙げられる。

◇対象生徒の実態把握（アセスメント）について（アセスメントツールの開発等）
◇対象生徒の決定について（通級による指導の内容・形態が妥当かどうかの検討等）
◇特別な教育課程の編成のあり方について

◇高等学校に応じた自立活動の展開の工夫について

◇授業時間の設定について（時間割内での設定・放課後設定・長期休暇期間等）

◇必履修教科・科目，単位による履修・修得，卒業認定について

◇特別の指導内容（シラバス作成）と評価方法について

◇「個別の指導計画」及び「個別の教育支援計画」の作成について

◇通級による指導を担当する教員の研修について（専門性を高める研修のあり方等）

◇中学校・特別支援学校との連携について（関係機関との連携強化等）

◇自校通級と他校通級のあり方の検討について

◇学級集団（担当教員・生徒）との連携について（集団づくり等）

◇通級による指導において，小中学校の特別支援学級に相当する指導・支援が可能かどうか

　今後，高等学校における特別支援教育の推進に，通級による指導がどのような役割を果たしているかについて検証していくことが必要であろう。数年先には，すべての高等学校で通級による指導が実践されていることを期待したい。

## 5 高等学校における特別支援教育の推進に向けた今後の課題

### （1）高等学校における特別支援教育体制の充実に向けた課題

　文部科学省が2007年（平成19年）度から毎年実施している「特別支援教育体制整備状況調査（全国集計）」の2018年（平成30年）度版から，高等学校における特別支援教育の体制整備の進展状況から今後の課題について提起する。

　公立高等学校における体制整備状況の推移を特別支援教育がスタートした2007年（平成19年）度と2018年（平成30年）度の数値を比較すると，「校内委員会の設置」率は50.2％→97.4％に，「実態把握の実施」率は36.5％→95.2％に，「特別支援教育コーディネーターの指名」率は46.8％→99.1％，「特別支援教育に関する研修実施」率は25.1％→校内研修76.3％，外部研修91.8％となっており，数

値からみた高等学校における校内支援体制は着実に構築されていることが確認される。しかしながら、特別支援教育の必要性の認識や、校内支援体制は進んできているが、教育的支援が必要と判断されても具体的な支援や配慮につながらない、または支援がはじまるまでに時間がかかっていることが多く、必ずしも全ての学校で、支援体制が機能し、効果的に展開されていない現状も指摘されている（藤井・細谷、2012; 肥後・熊川、2013; 戸部・伊藤、2013）。そのため、構築された校内支援体制の機能を、学校全体として迅速、かつ効果的に展開されるように、管理職や特別支援教育コーディネーターのリーダーシップの発揮が今後の課題と言えよう。

　図1-1は、国公私立の高等学校における項目別実施率を比較している。国公立に比べて私立の実施率が極端に低い状況である。生徒の多様なニーズは公立・私立ともに共通していることから、私立高等学校の特色と独自性を活かした体制整備の構築を進めていくことが急務の課題である（学校法人玉木学園長崎玉成高等学校編、2015；小木曽・都築、2016）。私立学校の特色を活かした先進的な取組については、第6章(1)(2)で紹介している。

　また、国公私立の学校種別（幼保連携こども園、幼稚園、小学校、中学校、高等学校）の項目別実施率をみると、それぞれの基盤となる条件整備（特別支援学級の設置等）、教職員等の専門性にも大きな違いがあることから、単に実施率で比較することはできないが、高等学校（国公私立）の実施率を上げていくことは、連続した学び、系統的な支援を展開していくためにも重要な課題と言えよう。

　さらに、「個別の指導計画の作成」と「個別の教育支援計画の作成」状況においては、「個別の教育支援計画及び個別の指導計画」ともに高等学校での実施状況は依然として低く、切れ目のない支援をつないでいくためにも作成の進展に向けた新たな方策が必要になってきている。実際に大学において、高等学校から個別の教育支援計画が引き継がれた学生は大きな問題性が生じていないが、高等学校からの情報や引き継ぎがなかった学生は気づかれたときは問題性が大きくなっている場合が多い。こうした状況から、大学及び就労先まで個別の教育支援計画が引き継がれていくためにも、高等学校における実施率の向上が臨まれる。こうした課題に向けて、大阪府は平成26年度から府立高等学校のすべての生徒を対象に「高校生活支援カード」を導入し、この基礎的なニーズ把握を前

段階として，個別の教育支援計画や個別の指導計画の作成につなげていく取組を進めている。その成果として，その作成率が全国平均より大きく上回ってきている。その取組については，第3章（1）を参照してほしい。

以上のように，小中学校と同じように高等学校でも適切な指導や必要な支援を受けることができる特別支援教育体制の更なる充実が期待されている。

## （2）多様で，複合化した生徒の状況理解に関する課題

幼稚園・小中学校における多様なニーズのある幼児児童生徒が，高等学校に至るまでの体験の中でさらに課題が複合化している事例が多くみられている。その多様で，複合化している3つの要因について提起する。

1つめは，発達障害とその可能性のある生徒の理解の視点である。発達障害は，全体的な知的発達に遅れはないものの，「聞く」「話す」「読む」「書く」「計算または

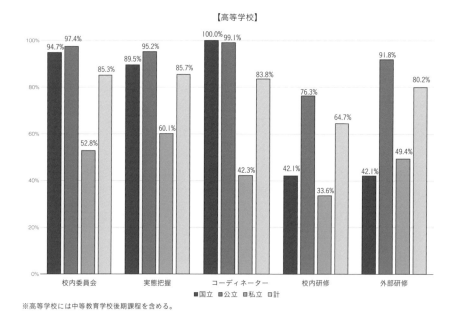

※高等学校には中等教育学校後期課程を含める。

**図1-1 【公立】高等学校・項目別実施率**
（文部科学省「平成30年度特別支援教育に関する調査」より引用）

推論する」などの能力のうち，特定のものの習得と使用に困難を示すLD（限局性学習症），注意が散漫で，落ち着きがなく衝動的な行動をとるなどの特徴を示すADHD（注意欠如多動症），社会的コミュニケーションや社会的相互作用がさまざまな状況で困難なこと，興味や活動が偏り反復的な行動をとるなどの特徴を示すASD（自閉スペクトラム症）などを含む幅広い概念である。

　発達障害とその可能性のある生徒の状況として，興味のある教科とそうでない教科の取り組み方に大きな差がある，板書された内容をノートに書きとることが難しい，質問の意図とずれる発言が多い，こだわって直前の時間や場所の変更に対応ができない，場の雰囲気や暗黙のルール理解が難しい，人の話を字義どおりに理解する，音や臭いなどへの過敏性が強い，視線・表情・対人距離などの課題がみられるなどが特徴的である。こうした状況は，生徒の心理状態や，発達の状況，環境（場）によっても違ってくることから，診断名等で特性をひとくくりに理解することはできない。共通した対応の方針としては，他の場面の行動観察や背景要因を把握した上で，生徒の苦手な側面への焦点化でなく，得意な側面や強みに視点を当てた関わりや支援を進めていくことが有効と考えられている。

　2つめは，愛着に課題のある生徒の理解の視点である。愛着の課題は，暴力，ネグレクト，心理的虐待等を起因とする虐待体験によって生じることが多いとされ，子どもと養育者との間に愛着の関係性が構築できなかったことが大きく関与していると言われている。そのため，愛着に課題のある生徒は，人を信頼することができない，暴力的な行為が多い，関わる人によって態度が違う，叱責への反発等他者に過敏に反応する，他者に興味が無い無反応な態度がみられる等の愛着確認と考えられる特徴的な言動がみられる。こうした愛着の課題が想定される生徒には，まず特定の教員との1対1の信頼関係を築いていくことが前提となり，他者に相談する技能を身に付けていくことや，場面や状況に応じた言動の具体例を挙げて伝える支援が有効と考えられる。発達障害と愛着の課題が複合化している事例が多いことから，生徒の生育歴や生活の背景要因を理解し，安心できる人間関係の中で適切な指導・必要な支援を展開していくことが大切である。

　3つめは，認知面・知的発達に課題がある生徒の理解の視点である。認知面・

知的発達に課題がある生徒の中には，学習規律が身についていない，繰り返しても学習内容の定着が難しい，わからないことがわからないので質問ができない，集中できる時間が極端に短い，教科全般の理解が困難になっている，学習意欲が極端に低下しているなどの特徴がみられている。学校で過ごしている総時間の割合としては，授業が占める割合が圧倒的に多いことから，授業がわからない辛さは自己評価の低下や，不登校への大きな影響要因になっていると考えられる。こうした生徒の支援としては，生徒の実態に即した課題設定により，生徒ができたと実感できたことと，教員から認められることが一致する体験を積んでいくことが重要である。

　こうした3つの要因に加えて，外国人の生徒，貧困の状況にある生徒，LGBT，精神疾患のある生徒など，「多様かつ複雑化したニーズのある生徒」の背景や課題を理解し，適切な指導・支援につなげていくことが大切である。そのための研修の機会が増えていくことを期待したい。

## （3）気づきから具体的支援につなげる校内支援の機能化に向けた課題

　生徒理解から適切な指導・支援を進めていく上で，校内支援体制の再構築や見直しによる校内支援体制を機能化していくことが早急の課題である。学校組織として校内支援体制が位置づけられていても，機能していないこともあり，生徒の実態把握から支援につなげていくプロセスを教員間で共通理解できていないことも多い。そのためには，管理職及び特別支援教育コーディネーターのリーダーシップのもと，学校教育目標の見直し，校内支援体制の明示，個別の教育支援計画及び個別の指導計画の作成支援，ケース会議の定例化，関係者・関係機関との連携等についての周知徹底が必要である。高等学校における特別支援教育の初期的な展開に尽力されてきた教員から次世代の教員に役割が引き継がれていく時期になり，改めて特別支援教育コーディネーターの役割を確認し，専門性を高めていく研修を計画的に進めていくことが重要になっている。

　このことから，特別支援教育コーディネーターを中心に校内委員会で生徒の実態把握と支援までの手続きを検討し，できるだけ迅速に適切な指導・必要な支援に展開できる校内支援体制の充実が重要な課題と考えられる。そのために，生徒本人，保護者，担当教員，コーディネーター，管理職，関係機関（関係者）

等の連携のもと，指導・支援の方針や方法等が合意形成され，その内容が「個別の教育支援計画及び個別の指導計画」に位置づけられ（Plan），着実に指導・支援が展開（Do）し，成果を評価（Check）し，改善（Action）していく取り組みを進めていくことが求められている。

　こうした校内支援の機能化を図りながら，個別の支援と，全体（学級・学習集団等）への支援の両面を大切していくことが大切である。特に，全体への支援として，安心できる集団づくりと，ユニバーサルデザインの視点を活かした授業づくりが，どの生徒も安心して学べる環境づくりになると考えられる。

## （4）安心できる集団づくり（環境づくり）に向けた課題

　高等学校は集団が基本であり，その集団の状況や特性によって，生徒の自己表出の仕方が違ってくる。実際，安心できる集団では，問題行動や生徒どうしのトラブルは少ないが，安心できない集団では，問題行動や生徒どうしのトラブルが頻繁に生じている。つまり，集団の環境要因との個人の要因との相互関係が生徒の行動に大きく関与していることから，安心できる集団づくりの充実が，個別支援の必要性を軽減することにもつながる。そのため，まず全体（集団）への支援を考えていくことが重要であり，この全体への支援の充実が，ユニバーサルデザインやナチュラルサポートの実現に近づいていくものと考えられる。

　安心できる集団とは，「違いを認め合える」，「失敗を認め合える」，「否定的にとらえない」ことが当たり前に実践されている集団であろう。こうしたナチュラルサポートのある安心できる集団は，やる気のでる集団をつくり，その集団づくりの基本やポイントは，教員の言動が集団づくりに大きく影響している。具体的には，生徒への声かけの仕方，行動の指摘の仕方，褒め方，冷静な対応の仕方など，教員が実際に関わり方のモデルを提示することが，周りの生徒への有効な啓発になり，集団づくりの支援になる。そして，生徒の具体的な発言や行動を例に挙げながら，そのときの対応の仕方について具体的に提案していくことも大切である。また，特定の生徒が困っているという現状を周りの生徒が気づき，どのような声かけや支援が有効かについて，生徒間でアイデア出し合う演習は，支援者意識を高め合うこともなると考えられる。

以上のように，安心できる集団づくりは，生徒どうしの関わりから互いの違いや個性を尊重する心を育むことになり，人権教育，他者理解の支援を進めていくことになる。そして，「安心できる集団」は，自己肯定感を高め合う居場所づくりに相当することになり，学習への意欲や卒業後の社会参加に向けた対人的・心理的な土台としてすべての生徒にとって重要な意義を持つものと考えられる。

### (5) 誰もがわかりやすい授業づくりを推進していくための課題

　わかる授業づくり（授業改善）は，どの校種においても共通した課題であり，授業がわからなければ生徒どうしのトラブルや，不登校，授業が成立しないクラスになる等，不適応行動が目立ってくる。そのために，どのように授業改善を図っていくべきか，わかりやすい授業を実践するための3つのキーワードから解説する。

#### ① 3つのキーワードによる授業づくり

##### ㋐視覚化が工夫された授業

　1つめは，視覚化が工夫されることによってわかりやすい授業になるということである。視覚化の工夫には，授業の「めあてや流れ，内容」をいつでも見られるように黒板に文字や写真で示すこと，見やすくなるように教材を大きくしたり，手元で見ることができるように配慮したりすることも考えられる。また，できる限り画像や動画，絵カードなどを用いて視覚的に提示することによって，何度も見直したり，聴覚的な短期記憶の負担を軽減することにもなり，安心して学べる授業になっていくと考えられる。

##### ㋑見通せる構造化された授業

　2つめは，見通しを持って取り組める構造化された授業がわかりやすい授業になるということである。具体的には，「何時まで」，「あと何分」をタイムタイマー等でしめす「時間の構造化」，取り組む場所や位置を一定にして取り組む「場所の構造化」がある。そして，授業の展開をパターン化して流れをイメージしやすくしていく「方法の構造化」がある。こうした構造化の工夫は，授業の展

開の見通しが安心感になり，また，めあて（目標）と振り返り（まとめ）が一貫することで何を学んでいるのかがぶれずにわかりやすい授業になる要因になる。

⑦協働化が設定された授業（主体的・対話的で，深い学びを実現するためのアクティブ・ラーニング場面の設定）

3つめは，協働化（共有化）する場面が設定された授業である。具体的には，ペアやグループで意見交換したり，協議したりすることで，生徒どうしがコミュニケーションできる場面を習慣化していく。その題材として，「なぜ？」「どうして？」という疑問を提示することによって，話し合いの目的や方向性を持って能動的に取り組んでいく，このアクティブ・ラーニングの方法を活用していくことで，「なるほど，こうなっているのか」という納得になっていく深い学びへの授業展開が求められている。この疑問から納得に持っていくプロセスのアクティブ・ラーニングが協働化としてとらえることができる。

以上のことから，高等学校におけるわかりやすい授業を展開するためには，授業における視覚化，構造化，協働化が重要なポイントになると考えられる。

②わかる授業における工夫について

⑦教室環境の整備

教室は生徒が最も長い時間を過ごす場所であることから，適切な教室環境づくりは，学習や一日の生活を考える上で重要である。生徒が安心して学習活動に取り組めるためには，座席の位置，黒板周辺の掲示物，机上の学習用具などの整理整頓，室温，匂い，音等の環境配慮・工夫も大切である。

④板書の工夫

板書は学習内容の要点の整理，生徒が主体的に学び，思考力・判断力・表現力を育むために重要な役割を果たしている。そのため，板書は事前に授業の流れや構成が整理された板書計画を作成しておく必要がある。また，「めあて」，「内容」，「自分の考え」や「授業の振り返り」などを書く欄を明示したり，区切り線を入れる，授業の流れを確認する黒板の掲示用カード等を活用したりすることも有効である。

⑦授業展開の工夫

　すべての生徒の主体的・対話的で，深い学びを実現していくために，生徒の実態に応じたアクティブ・ラーニング型の授業の工夫が求められている。様々な支援が必要な生徒も参加できる工夫，つまり，障害の状況や認知特性を活かしたアクティブ・ラーニング，非言語的なコミュニケーションによる対話的な学びの工夫等（2者選択の課題，指さしによる意思表明ができる課題等）が重要である。

　特別支援教育の観点を踏まえた「授業におけるユニバーサルデザイン」の一例を次に示す（授業実践の取り組みは，第4章(1)(2)を参照）。

- 教室環境を確認する（机の並び方，落ちているもの，収納状況，掲示物等）。
- 教科書，ノート等，必要なもののみを机上に置いているか確認する。
- 授業のめあてや流れ，内容等を示し，本時のポイントを明確に示す。
- 全員が静かになったことを確認してしてから話し始める習慣をつける。
- 板書を工夫する（板書の量・書く位置，区切り線，色の配慮等）。
- 今は，「聞くとき」と「書くとき」「話すとき」を区別し同時に提示しない。
- 大切な指示や内容ポイント等の大事なところは繰り返し説明する。
- できるだけ視覚的に示すことができる教材・教具を活用する。
- 生徒が協働して取り組むアクティブ・ラーニングの場面を設定する。
- 本時のポイントを復唱し，授業の振り返りとまとめを行う。
- 授業の中で何度がリスタートの場面（背伸び・机に伏せて30秒で頭を上げる等）をつくる。
- 全体への説明や指示はできるだけシンプルにする。

　こうしたユニバーサルデザインの観点（基礎的環境整備）だけでは不十分な場合には，障害のある生徒が障害ない生徒と同等に授業参加ができるようにするために必要な変更・調整として，合理的配慮が求められている。個別に合理性の検証を踏まえて実施している具体的な内容例を次に示す。

- 文字を追いやすいよう，拡大・行間を広げたりする
- カード等を利用し，一行だけが見えるようにする
- 注意が集中できるよう，座席の位置を工夫する
- 手がかりとなる一画のポイント部分を書いておく
- 筆算の位ごとにマス目を色分けしておく
- 一度に多くの情報を提供しない，伝えない
- クールダウンする部屋やスペースを用意する
- 本人の意思表示，ヘルプ要請の方法を継続的に伝える
- 独り言，身体をゆらす等問題なければ許容する　等

　こうした効果的な合理的配慮の実施は，その趣旨を学校や学級全体で共通理解する啓発と，前述した，違いを認め合う等の「安心できる集団づくり」の展開が前提となっていることを認識しておく必要がある。

### (6) 高等学校における多様な学びを推進していくための諸課題

#### ①教育課程編成の工夫 (評価のあり方の検討)

　高等学校の教育活動においては，単位・進級・卒業認定等に関わる評価方法の工夫，多様なニーズに対応できる特別の教育課程編成の検討，学校設定科目・学校設定教科の活用，学び直しの観点の整理，卒業後を見据えたキャリア教育の観点（進路支援，就職後のアフターフォロー等）の充実等が今後の課題として挙げられる。

　また，授業や活動において必要ととされる「合理的配慮」の検討から実施までのプロセスを事例の積み重ねを通して検討していく必要があろう。手続きとして，配慮事項に合理性があるかどうかの検討を丁寧に行い，個別に必要な授業配慮等として，座席の配慮，授業ルールの明確化，プリントの拡大，予定変更の事前予告，課題レポートのパターン化，タブレット等の活用，試験時間の1.3倍設定，口頭試問等を実施していくプロセスを学校として共通理解して取り組んでいくことが重要である。さらに，発達障害と優れた才能を併せもち，学校でその二重に特別な教育ニーズのある生徒の教育の展開として，2E教育（twiceexceptional) が提唱されているが，通級による指導において求められていく可能性もあり，その実施と評価についての検討が今後の課題となっていくであろう。

**②障害等のある生徒の進学・就労指導に関する課題**

　障害等のある生徒の進路・就労への支援をめざした系統的なキャリア教育の展開と充実として，次のような工夫や観点を検討していくことが課題になるであろう。

　　◇進路や就労における生徒本人の希望と生徒の特性や実態とのマッチング
　　◇学ぶ・働く意欲の育成・高揚・習慣化
　　◇社会的スキル（SST）の系統的・継続的支援の実施
　　◇関係機関との連携関係の構築
　　◇進学先の大学との連携・情報収集（オープンキャンパス等）（第8章参照）
　　◇就労に向けての職場実習・インターンシップの充実
　　◇余暇活動への支援（ライフワークの計画性）
　　◇再チャレンジできる自己肯定感の醸成に向けた日々の支援
　　◇進学・就労後のアフターフォローの充実

**③高等学校における特別支援学校の分校・分教室の取組の検証**

　全国的に高等学校に特別支援学校の分校・分教室の併設が増えてきているが，双方のニーズを踏まえ，高等学校における特別支援教育の推進にどのように生かされているか，その成果と課題の検証が必要である（柘植・小田・村野・中川，2017）。今後の課題としては，より効果的な分校・分教室の在り方のモデル提示が必要であろう（詳しくは，第7章を参照）。

## 6　おわりに

　高等学校の特別支援教育は，平成19年度の特別支援教育体制のスタート時点からみると，この数年で大きな進展が成し遂げられ（小田，2017），学校間格差

はあるが教員による生徒への個別支援への意識はたいへん高くなってきている。しかし，前述した全体への支援の考え方として「安心できる集団づくり」や「わかる授業づくり」については，まだ十分とは言えない現状である。生徒の状況としては，中学校から高等学校への進学率が約99％になってきている今，小中学校の現状はそのまま高等学校に移行していると考えるべきであり，連続した学びの確立に向けて，高等学校における特別支援教育の充実はさらに求められていく。このように特別支援教育推進の成果とともに多くの課題がみえてきていることから，本書を土台として次の段階に展開していくことを願っている。

**【引用・参考文献】**

藤井美鈴・細谷一博（2012）北海道公立高等学校における特別支援教育の現状と課題．北海道教育大学紀要，教科科学編．62（2），77-86.

肥後祥治・熊川理沙（2013）特別支援教育導入期の高等学校における特別支援教育の進展に関する研究．鹿児島大学教育学部研究紀要，人文・社会科学編．64，95-106.

厚生労働省（2005）発達障害者支援法．

京都朱雀高校特別支援教育研究チーム編（2010）高校の特別支援教育・はじめの一歩：これなら普通の高校でできる，私にもできる．明治図書．

文部科学省（2018）平成30年度特別支援教育体制整備状況調査結果．

文部科学省（2016）高等等学校における通級による指導の制度化及び充実方策について（高等学校における特別支援教育の推進に関する調査研究協力者会議報告）．

文部科学省（2016）学校教育法施行規則の一部を改正する省令．

文部科学省（2014）高等学校における個々の能力・才能を伸ばす特別支援教育モデル事業成果報告書．独立行政法人国立特別支援教育総合研究所．

文部科学省（2012）共生社会の形成に向けたインクルーシブ教育システムの構築のための特別支援教育の推進（報告）．

文部科学省（2009）発達障害等困難のある生徒の中学校卒業後における進路に関する分析結果．

文部科学省（2009）高等学校学習指導要領．

文部科学省（2009）高等学校における特別支援教育の推進について（高等学校ワーキング・グループ報告）．

文部科学省（2007）特別支援教育の推進について（通知）．

文部科学省（2006）特別支援教育の推進のための学校教育法等の一部改正（通知）．

文部科学省（2005）特別支援教育を推進するための制度の在り方について（答申）．

文部科学省（2001）21世紀の特殊教育の在り方について（最終報告）．

内閣府（2016）障害を理由とする差別の解消の推進に関する法律の施行について．

成山治彦・有本昌剛（2012）こうすればできる高校の特別支援教育：実践事例にもとづく必携ハンドブック．明治図書．

小田浩伸 (2017) 高等学校における特別支援教育の充実：到達点からみた成果と課題．柘植雅義&インクルーシブ教育の未来研究会 (編) 特別支援教育の到達点と可能性：2001~2016年：学術研究からの論考．金剛出版．

小木曽誉・都築繁幸 (2016) 高等学校のとく別支援教育の動向に関する一考察．障害者教育・福祉学研究，12，165-172.

大阪府教育委員会 (編著) (2012a) 高校で学ぶ発達障害のある生徒のための明日からの支援に向けて．ジアース教育新社．

大阪府教育委員会 (編著) (2012b) 高校で学ぶ発達障害のある生徒のための共感からはじまる「わかる」授業づくり．ジアース教育新社．

笹森洋樹 (研究代表) (2014) 高等学校における発達障害等の特別な支援を必要とする生徒への指導・支援に関する研究：授業を中心とした指導・支援の在り方 (研究報告書)．独立行政法人国立特別支援教育総合研究所．

玉木学園長崎玉成高等学校 (編) (2015) 特別支援教育とキャリア支援．同成社．

戸部孝網・伊藤良子 (2013) 都立高等学校における特別支援教育の実態について：教職員の特別支援教育対応志向性との関連から．LD研究．22 (3)，335-342.

柘植雅義・石隈利紀 (2013) 高等学校の特別支援教育Q＆A：教師・親が知っておきたい70のポイント．金子書房．

柘植雅義・小田浩伸・村野一臣・中川恵乃久 (2017) 高等学校における特別支援学校の分校・分教室：全国の実践事例23．ジアース教育新社．

# 第2章

# 高等学校の新学習指導要領と特別支援教育の充実
## ――障害のある生徒への指導において求められるポイント

田中裕一

## 1 はじめに

　学習指導要領改訂の方向性を定めた中央教育審議会答申「幼稚園，小学校，中学校，高等学校及び特別支援学校の学習指導要領等の改善及び必要な方策等について」では，学習指導要領の改訂における基本的な方向性の一つとして，教育課程全体を通じたインクルーシブ教育システムの構築を目指す特別支援教育の推進の重要性が示された。

　これを踏まえて行われた2018年3月の高等学校学習指導要領の改訂（文部科学省，2018a）では，特別支援教育に関する内容について，総則の記述が充実するとともに，各教科等においても，学習過程における想定される困難さとそれに対する指導上の意図や手立てについて新規に記述された。

　そこで，本稿では，総則や各教科等における特別支援教育に関する改訂の要点について解説する。

## 2 総則における特別支援教育の記述の充実

### （1）指導内容や方法の組織的かつ計画的な実施

　全ての高等学校においては，発達障害を含む障害のある生徒が在籍しているだけでなく，学習面又は生活面において困難のある生徒で発達障害の可能性のある生徒も在籍している可能性があることを前提に，全ての授業において，資質・能力の育成を目指すとともに，一人一人の教育的ニーズに応じたきめ細かな指導や支援ができるように，新高等学校学習指導要領総則に特別な配慮を必

## 高等学校学習指導要領における障害のある生徒に関する記述

※「高等学校学習指導要領の一部を改正する告示」（平成30年文部科学省告示第67号）による改正後（H30.4.1施行）

第1章　総則

第5款　教育課程の編成・実施に当たって配慮すべき事項

2（1）　障害のある生徒などへの指導については，次のとおりとする。

ア　障害のある生徒などについては，特別支援学校等の助言又は援助を活用しつつ，個々の生徒の障害の状態等に応じた指導内容や指導方法の工夫を組織的かつ計画的に行うものとする。

イ　障害のある生徒に対して，学校教育法施行規則第140条の規定に基づき，特別の教育課程を編成し，障害に応じた特別の指導（以下「通級による指導」という。）を行う場合には，学校教育法施行規則第129条の規定により定める現行の特別支援学校高等部学習指導要領第6章に示す自立活動の内容を参考とし，具体的な目標や内容を定め，指導を行うものとする。その際，通級による指導が効果的に行われるよう，各教科・科目等と通級による指導との関連を図るなど，教師間の連携に努めるものとする。

なお，通級による指導における単位の修得の認定については，次のとおりとする。

（ア）　学校においては，生徒が学校の定める個別の指導計画に従って通級による指導を履修し，その成果が個別に設定された指導目標からみて満足できると認められる場合には，当該学校の単位を修得したことを認定しなければならない。

（イ）　学校においては，生徒が通級による指導を2以上の年次にわたって履修したときは，各年次ごとに当該学校の単位を修得したことを認定することを原則とする。ただし，年度途中から通級による指導を開始するなど，特定の年度における授業時数が，1単位として計算する標準の単位時間に満たない場合は，次年度以降に通級による指導の時間を設定し，2以上の年次にわたる授業時数を合算して単位の修得の認定を行うことができる。また，単位の修得の認定を学期の区分ごとに行うことができる。

ウ　障害のある生徒などについては，家庭，地域及び医療や福祉，保健，労働等の業務を行う関係機関との連携を図り，長期的な視点で生徒への教育的支援を行うために，個別の教育支援計画を作成し活用することに努めるとともに，各教科・科目等の指導に当たって，個々の生徒の実態を的確に把握し，個別の指導計画を作成し活用することに努めるものとする。特に，通級による指導を受ける生徒については，個々の生徒の障害の状態等の実態を的確に把握し，個別の教育支援計画や個別の指導計画を作成し，効果的に活用するものとする。

**図2-1「高等学校学習指導要領における障害のある生徒への指導に関する記述」**

要とする生徒への指導について示された（図2-1）。

　これは，障害のある生徒やその可能性のある生徒（以下，「障害のある生徒等」という）に対して，障害の種類や程度を的確に把握した上で，「困難さの状態」に対して「指導上の工夫の意図」をもって，個に応じた様々な「手立て」を検討し，指導に当たっていく必要があることを意味している。また，このような考え方は学習状況の評価に当たって生徒一人一人の状況をきめ細かに見取っていく際にも参考となる。その際に，本稿後半で解説する高等学校学習指導要領解説の各教科等編のほか，文部科学省が作成した「教育支援資料」などを参考にしながら，全ての教員が障害に関する知識や配慮等についての正しい理解と認識を深め，担任をしている教員や特別支援教育コーディネーターだけに指導等を任せるのではなく，障害のある生徒などに対する組織的な対応ができるようにしていくことが重要である。

　そこで，校長は，特別支援教育実施の責任者として，校内委員会を設置して，特別支援教育コーディネーターを指名し，校務分掌に明確に位置付けるなど，学校全体の特別支援教育の体制を充実させ，効果的な学校運営に努める必要がある。その際，各学校において，生徒の障害の状態等に応じた指導を充実させるためには，特別支援学校等に対し専門的な助言又は援助を要請するなどして，組織的，計画的かつ継続的に取り組むことが重要である。

## （2）通級による指導における教育課程編成の考え方

　2018年4月から高等学校等において通級による指導が開始されることとなったことを踏まえ，新規に規定された項目である（図2-1，第5款2（1）イ参照）。

　高等学校における通級による指導において，対象とする障害種や特別の教育課程等の基本的な考え方は，小・中学校と同様である。また，通級による指導を受ける生徒が，通常の学級で大半の授業を受けることから，生徒が在籍する通常の学級の担任や教科を担当する教員と通級による指導の担当教員とが随時，学習の進捗状況等について情報交換を行うとともに，通級による指導の効果が，通常の学級においても波及することを目指していくことが重要となる。

　総則における通級による指導の規定において，小・中学校の通級による指導と異なる点である，教育課程の一部に替える場合の規定と単位認定の規定につ

いて，詳しく説明する。

　なお，高等学校の通級による指導に関する詳細は，総則解説のほか，「学校教育法施行規則の一部を改正する省令等の公布について」（2016年12月9日）及び「改訂第3版障害に応じた通級による指導の手引」（文部科学省編著）をお読みいただきたい。また，通級による指導は自立活動の内容を参考として具体的な目標や内容を定め，指導を行うこととなるため，自立活動の詳細については，特別支援学校高等部学習指導要領自立活動編及び解説（文部科学省，2018b）を参照のこと。

## ①教育課程の一部に替える場合

　教育課程の一部に替える場合とは，他の生徒が選択教科・科目等を受けている時間に，通級による指導の時間を設定し，対象となる生徒に対して通級による指導を実施するというものである。対象となる生徒は選択教科・科目に替えて通級による指導を受けることになり，この場合，対象となる生徒の全体の授業時数は増加しない。これに対して，放課後等の時間を活用して通級による指導の時間を設定するという加える場合があり，対象となる生徒の全体の授業時数が増加する。

　小・中学校の通級による指導を実施する場合においては，替える場合について特に規定はなかったが，高等学校における通級による指導を実施する場合においては，必履修教科・科目，専門学科において全ての生徒に履修させる専門教科・科目，総合学科における「産業社会と人間」，総合的な探究の時間及び特別活動に替えることはできないことと規定されており，留意する必要がある。

## ②単位認定

　高等学校における通級による指導の単位認定の在り方については，生徒が高等学校の定める個別の指導計画に従って通級による指導を履修し，その成果が個別に設定された目標からみて満足できると認められる場合には，当該高等学校の単位を修得したことを認定しなければならないものとされている。「満足できると認められる場合」とは，生徒がその指導目標の実現に向けてどのように変容しているかを具体的な指導内容に対する生徒の取組状況を通じて評価する

ことを基本とし，指導目標に照らして適切に評価するものである。そのため，各学校においては，組織的・計画的な取組を推進し，学習評価の妥当性，信頼性等を高めるように努めることが重要である。

　生徒が通級による指導を2以上の年次にわたって履修する場合には，年次ごとに履修した単位を修得したことを認定することが原則となる。しかし，例えば，通級による指導を年度途中から履修する場合など，特定の年度における授業時数が，1単位として計算する標準の単位時間（35単位時間）に満たなくとも，次年度以降に通級による指導を履修し，2以上の年次にわたる授業時数を合算して単位の認定を行うことも可能である。

　また，単位の修得の認定を学期の区分ごとに行うことも可能である。

　なお，通級による指導に係る単位を修得した時は，年間7単位を超えない範囲で当該修得した単位数を当該生徒の在学する高等学校等が定めた全課程の修了を認めるに必要な単位数に加えることができる。

## (3) 個別の教育支援計画，個別の指導計画の作成と活用

　個別の教育支援計画と個別の指導計画は，障害のある生徒等に対するきめ細やかな指導や支援を組織的・計画的かつ継続的に行うために重要な役割を担っており，その意義や位置付けをより明確にする必要があることから，今回の改訂において，個別の教育支援計画及び個別の指導計画の作成と活用について詳細に規定された（図2-1，第5款2（1）ウを参照）。

　特に，通級による指導を受ける生徒の全てに，一人一人の教育的ニーズに応じた指導や支援が組織的・計画的かつ継続的に行われるよう個別の教育支援計画及び個別の指導計画を作成し，活用していくことが義務付けられた（小・中学校においては，特別支援学級に在籍する全ての児童生徒も含め作成・活用が義務付けられた）。

　各学校においては，個別の教育支援計画及び個別の指導計画を作成する目的や活用の仕方に違いがあることに留意し，2つの計画の位置付けや作成の手続きなどを整理し，教職員全体の共通理解を図ることが必要である。また，個別の教育支援計画及び個別の指導計画については，実施状況を適宜評価し改善を図っていくこと，つまりPDCAサイクルによる見直しも不可欠である。また，

その際，校長のリーダーシップの下，学校全体の体制づくりが必要となる。校内体制づくりについては，「発達障害を含む障害のある幼児児童生徒に対する教育支援体制整備ガイドライン～発達障害等の可能性の段階から，教育的ニーズに気付き，支え，つなぐために～」（文部科学省編著）を参考にしていただきたい。

　個別の教育支援計画の活用に当たっては，例えば，中学校における個別の教育支援計画を引き継ぎ，適切な支援の目的や教育的支援の内容を設定したり，進路先に在学中の支援の目的や教育的支援の内容を伝えたりするなど，入学前から在学中，そして進路先まで，切れ目ない支援に生かすことが大切である。その際，個別の教育支援計画には，多くの関係者が関与することから，保護者に対し，計画の意義や用途等について丁寧に説明するなどして，学校外の関係者との情報共有等の同意を事前に得るなど個人情報の適切な取扱いと保護に十分留意することが必要である。

　個別の指導計画の活用に当たっては，通級による指導における単位認定において，本計画が重要な役割を果たすことから，関係する教員の計画に対する理解と作成や活用の際の協力を欠かすことはできない。また，個別の教育支援計画と同様に，日常の指導や支援の情報を引き継ぐ際に活用することも考えられる。

　加えて，障害のある生徒等の中には，通級による指導を受けずに，通常の学級でのみ支援を受けながら学んでいる場合がある。このような生徒に対して，障害の状態等に応じた指導方法の工夫や保護者や関係機関と連携した取組を行うためには，これらの計画を必要に応じて作成し，効果的に活用することがより一層望まれる。

　特に，今回の改訂では，総則のほか，各教科等の解説において，障害のある生徒等に対する学習活動を行う場合に生じる困難さに応じた指導内容や指導方法の工夫を計画的，組織的に行うことが規定されたことを踏まえ，通常の学級に在籍する障害のある生徒等の各教科等の指導に当たっては，適切かつ具体的な個別の指導計画の作成に努める必要がある。

　これについては，2017年1月20日に総務省から「発達障害者支援に関する行政評価・監視結果に基づく勧告」があったことを踏まえ，文部科学省は留意すべ

き事項をまとめた事務連絡（文部科学省，2017）を各都道府県・指定都市教育委員会特別支援教育担当課等に出し，域内の市町村教育委員会や所管の学校等に対して周知するよう依頼している。その事務連絡において，これらの計画の作成・活用について，

　「各学校において，個別の教育支援計画及び個別の指導計画を作成するに当たっては，医師の診断がある児童等のみを対象としたり，通常の学級の児童等については対象としない等，画一的な基準によって作成対象を限定するのではなく，個々の児童等の障害の特性や状態等を踏まえ，教育上の支援が必要な児童等に対して作成するよう努めること。」
　「各学校においては，これらの計画を進学先等に適切に引き継ぐよう努めること。」

　と示していることに留意する必要がある。（下線は筆者による）
　さらに，2012年7月に中央教育審議会初等中等教育分科会から出された「共生社会の形成に向けたインクルーシブ教育システム構築のための特別支援教育の推進（報告）」において，これらの計画に，障害を理由とする差別の解消の推進に関する法律（いわゆる「障害者差別解消法」）に基づく合理的配慮やその他指導上の配慮との関係性についても記述することが必要であると指摘している点にも留意が必要である。

### （4）交流及び共同学習のより一層の推進

　グローバル化など社会の急激な変化の中で，多様な人々が共に生きる社会の実現を目指し，一人一人が多様性を尊重し，協働して生活していくことができるように，学校の教育活動全体で障害者理解や心のバリアフリーのための交流及び共同学習の一層の推進を図る必要があることから，交流及び共同学習について，高等学校学習指導要領では，次のように示されている。

　他の高等学校や，幼稚園，認定こども園，保育所，小学校，中学校，特別支援学校及び大学などとの間の連携や交流を図るとともに，障害

のある幼児児童生徒との交流及び共同学習の機会を設け，共に尊重し合いながら協働して生活していく態度を育むようにすること。（高等学校学習指導要領総則第６款２イ参照）

　障害者基本法第16条第3項にも規定するとおり，障害のある幼児児童生徒との交流及び共同学習は，生徒が障害のある幼児児童生徒とその教育に対する正しい理解と認識を深めるための絶好の機会であり，同じ社会に生きる人間として，お互いを正しく理解し，共に助け合い，支え合って生きていくことの大切さを学ぶ場でもあると考えられる。特別支援学校との交流及び共同学習の内容としては，例えば，学校行事や学習を中心に活動を共にする直接的な交流及び共同学習のほか，ネットワークを介したやり取りや文通，作品の交換といった間接的な交流及び共同学習が考えられる。なお，交流及び共同学習の実施に当たっては，双方の学校同士が十分に連絡を取り合い，指導計画に基づく内容や方法を事前に検討し，各学校や障害のある生徒一人一人の実態に応じた様々な配慮を行うなどして，組織的に計画的，継続的な交流及び共同学習を実施し，共に尊重し合いながら協働して生活していく態度を育むようにすることが大切である。

　その際，2020年東京オリンピック・パラリンピック競技大会を契機とする「心のバリアフリー」の推進の動向も踏まえ，全ての人が，障害等の有無にかかわらず，多様性を尊重する態度を育成できるようにすることが求められている。

　交流及び共同学習の推進の方向性については，2018年2月に心のバリアフリー学習推進会議から出された「学校における交流及び共同学習の推進について〜「心のバリアフリー」の実現に向けて〜」をお読みいただきたい。また，実施に当たっては，文部科学省が交流及び共同学習の考え方や進め方を示した「交流及び共同学習ガイド」（平成30年度改訂版）を参考にしていただきたい。

## 3　各教科等における特別支援教育に関する記述

　中教審答申において，各教科等の学びの過程において考えられる困難さに対する指導の工夫の意図，手立てについての考え方を示す必要があるとの指摘を

踏まえ，前述したように，総則に「個々の生徒の障害の状態等に応じた指導内容や指導方法の工夫を組織的かつ計画的に行う」ことが示された。

各教科等における障害に応じた指導上の工夫の考え方については，従来，障害の種類別に配慮事項の例を挙げていたが，これを学びの過程で考えられる困難さごとに示すようにした。

そして，各教科等の学習過程における想定される困難さとそれに対する指導上の意図や手立てについて，各教科等の学習指導要領解説に示すこととした。

基本的な考え方については，資質・能力の育成，各教科等の目標の実現を目指し，生徒が十分な学びが実現できるよう，学びの過程で考えられる「困難さの状態（実線箇所）」に対する「指導上の工夫の意図（二重線箇所）」と「手立て（波線箇所）」を構造的に示している。

以下，各教科等の解説から抜粋する。

● 国語科

> 比較的長い文章を書くなど，一定量の文字を書くことが困難な場合には，文字を書く負担を軽減するため，手書きだけではなくICT機器を使って文章を書くことができるようにするなどの配慮をする。

● 地理歴史編，公民編

> 地図等の資料から必要な情報を見付け出したり，読み取ったりすることが困難な場合には，読み取りやすくするために，地図等の情報を拡大したり，見る範囲を限定したりして，掲載されている情報を精選し，視点を明確にするなどの配慮をする。

● 数学編・理数（主として専門学科において開設される教科）編

> 空間図形のもつ性質を理解することが難しい場合，空間における直線や平面の位置関係をイメージできるように，立体模型で特徴のある部分を

触らせるなどしながら，言葉でその特徴を説明したり，見取図や投影図と見比べて位置関係を把握したりするなどの工夫を行う。

## ●情報（各学科に共通する教科）編

コンピュータ等の画面が見えにくい場合には，情報を的確に取得できるよう，文字等を拡大したり，フォントを変更したり，文字と背景の色を調整したりするなどの配慮をする。

## ●総合的な探究の時間

人前で話すことへの不安から，自分の考えなどを発表することが難しい場合は，安心して発表できるように，発表する内容について紙面に整理し，その紙面を見ながら発表できるようにすること，ICT機器を活用したりするなど，生徒の表現を支援するための手立てを工夫できるように配慮する。

他の教科等の手立ての例示については，各教科等の解説を参照いただきたい。抜粋した例示を見ていただければ，ご理解いただけると思うが，これらの手立ては，教科等の枠を超えて参考になるものが多い。指導する教員は，自身の担当する教科等以外の手立てにも目を通すことによって，障害の有無にかかわらず，学習に困難を抱えている生徒への授業のヒントになるだろう。学校種においても例示が違っているため，自身の担当教科等や学校種以外も含め，全ての手立てに目を通すことをお勧めしたい。

なお，手立ての内容は，あくまでも例示であり，生徒一人一人の障害の状態や特性及び心身の発達の段階等の実態把握や学習状況を踏まえ，困難さの状態を把握し，必要な手立てを考え，工夫していくことが重要である。また，生徒の一人一人の学習上及び生活上の困難は異なることに十分に留意し，個に応じた指導内容や指導方法の工夫を検討し，適切な指導を行うことが大切である。ま

た，個別の指導計画等に記載して，指導に当たる全ての教員が手立ての情報を共有したり，手立てが適切かどうかの検討を定期的に行ったりするなど，PDCAサイクルによる手立ての見直しを行うことが重要である。

# 4 おわりに

　今回の改訂のポイントは「社会に開かれた教育課程」「カリキュラム・マネジメント」など様々あり，その全てが障害のある生徒等への教育と切り離して考えることはできない。特に「主体的・対話的で深い学びの視点からの授業改善」を実現するためには，特別支援教育に関する記述やその考え方を参考にすることが必要となる。さらには，この取組が推進されることによって，障害のある生徒等だけでなく，全ての生徒にとってわかりやすい授業づくりに寄与することだろう。

　それを現実のものとするためには，障害のある生徒等の担任や教科等を担当する一部の教員だけでなく，高等学校の全ての教員が，今回の特別支援教育に関する記述について理解し，障害のある生徒等の指導や支援の情報を共有し，実践することが前提となる。

　障害のある生徒等だけでなく，全ての生徒の学びを保障するために，全ての教員がしっかりと学習指導要領及び解説を読み込み，教育活動を行っていただきたい。

【引用・参考文献】
文部科学省（2018a）高等学校学習指導要領及び解説
文部科学省（2018b）特別支援学校高等部学習指導要領自立活動編及び解説
文部科学省（2017）発達障害者支援に関する行政評価・監視の結果（勧告）に基づく対応について（事務連絡）

# 第3章

# 特別支援教育の推進に向けた自治体における施策

## 1 大阪府立高等学校における全ての生徒を対象とした支援
——「高校生活支援カード」の導入と成果

松野良彦

## 1 はじめに

　高校生活支援カードは，2014年度からすべての大阪府立高校で実施し，高校生活に不安を感じる生徒の支援のために活用されている。大阪府教育庁の高等学校課に在職していた際に，筆者自身が高校生活支援カードを発案し，制度構築に携わった経験をもとに気づいたことについて述べたい。

　高等学校には，それぞれの学校で定められている進級，卒業の規定があり，農業や工業など実技，実習を伴う教科がある学校での単位認定については，教科間で評価基準が異なることが多く，実技，実習や作品，レポート等の提出できない生徒に対して，他の生徒よりも低く評価する傾向がある。公平性の解釈の違い，つまり評価する側からの視点が重視されると，生徒に寄り添った支援や配慮が困難になる。これまで行ってきた前例継承主義の結果，障害等により配慮が必要な生徒に対して正当な評価が行われていない実態があった。

　本当の意味での公平性を確立するためには，早い時期からの個別の教育支援計画の作成に取り掛かることが必要であると考えた。

## 2 「ねがい」や「想い」に寄り添った支援の実現

発達障害について教員の理解が十分でない頃に，ある保護者が体験したエピソードを紹介する。

「ご家庭の問題はありませんか？　お父さんが悪いのではないでしょうか？」小学校に入学して最初の保護者懇談の時に母親が担任から言われた言葉である。入学当初から，担任の先生の指示をよく聞かずに行動することや，クラスの友人と遊ばずに一人でいることが多く，地理や歴史，生物に関する知識は非常に豊富で，自分が興味のあることについては，授業中でも突然質問するなど周囲の状況に応じた適切な行動をとることができないことが問題になっていた。

保育所での経験から，小学校でのわが子の様子を気にしていた母親であったが，担任からの発言を聞いて，非常にショックを受けたそうである。まるで，産まれたときの喜びや感動，日々費やした愛情や家族で過ごした時間，思い出のすべてを否定されたように感じたとのことであった。父親においては，まだ一度も会ったこともない担任の先生が，なぜ自分を責めるようなことを言うのか，驚きと悲しみ，怒りなどの複雑な気持ちと自分を責める自責の念により，非常に大きなショックと戸惑いを感じたとのことであった。この保護者はこのことがきっかけとなり，その後の進学先でも，教員に対する不信感がなくなることはなかった。また，同時に学校に期待することもなくなっていった。

教員が学校生活に不安に感じる保護者の信頼を得るためには，本人や保護者の「ねがい」や「想い」に寄り添う必要がある。そのためには，入学前の早い時期に，生徒と保護者から不安に感じることや学校に期待することなどを教員が把握することが不可欠であると考えるようになった。

## 3 高校生活支援カードの構想

公立高校での個別の教育支援計画の作成率は全国平均で59.2%（2019年度）である。大阪府は77.9%（全国10位）となっている。高校には支援学級がなく，障害などのある生徒に専任で関わることができる教員がいないことが個別の教育支援計画の作成率が向上しない要因の一つである。専門の教科指導がある中で，

## 高校生活支援カード

| 1年 | 組 | 2年 | 組 | 3年 | 組 | |
|---|---|---|---|---|---|---|

生　徒　名　　花咲　麻紀　　　　　　　　出身中学校　　大阪府立大阪城中学校

保護者名　　花咲　剛　　　　　　　　　　記　載　日　　平成26年3月28日

Ⅰ 将来の目標等について（生徒本人が記入してください）＊該当する口に✔をつけてください。

1 人との関わり方・働き方について（生徒本人が記入してください）

次のAとBのうち、大切にしたい方の数字に○をつけましょう。どちらが正しいということはありません。自分の気持ちに正直に選択してください。

【人との関わり方】

| A | 1 2 3 4 | B |
|---|---|---|
| いろいろな人と友人になりたい | ①2 3 4 | 必要な人とつきあいたい |
| 人の意見を聞いて行動する | 1 2 ③ 4 | 自分で考えて行動する |
| 困った時は人に相談する | 1 ② 3 4 | 困った時は自分で解決する |

【数字について】
1 2 3 4
つよくBの項目と思う／ややBの項目と思う／ややAの項目と思う／つよくAの項目と思う

【将来就きたい仕事について】

| A | 1 2 3 4 | B |
|---|---|---|
| 幅広くたくさんのことに挑戦したい | 1 2 3 ④ | 一つの事を極めたい |
| 毎日いろいろな人と接する仕事 | 1 ② 3 4 | 毎日接する人が決まっている仕事 |
| 能力を十分にいかせる仕事 | 1 2 3 ④ | 能力をいかせるかにはこだわらない |

2 自分がもっとも得意と感じる力について、次の3つの中から1つ選んでください。

　✔先生の話をきちんと聞く力　□課題や提出物等をやりとげる力　□発言や発表、企画・立案をする力

3 卒業後の進路について、希望する進路を選んでください。

　✔進学　□就職　□未定　□その他の進路（　　　　　　　　　　　　　）

Ⅱ 地域との関わりについて（保護者の方が記入してください）＊該当する口に✔をつけてください。

1 小中学校時代の地域等との関わりについて（複数回答可）

✔教育関係（地域のスポーツクラブや学習塾等）
✔地域関係（子ども会や他の団体等）
□福祉関係（地域の福祉機関やボランティア団体等）
□医療関係（かかりつけの医療機関等）

＊さしつかえがなければ、具体的にどのような団体や機関で活動されていたのか書いてください。
　中学校まで地元のスイミングスクールと塾に通っていた。○○塾には今も通っている。小学校の時は、子供会に入って地元の祭りに参加していた。

Ⅲ 安全で安心な高校生活を過ごすために（保護者の方が記入してください）

1 高校生活で不安に感じること（複数回答可）

□成績　✔進級　□卒業　✔進路　✔友人関係　□コミュニケーション　✔いじめ
□通学　□遅刻　□欠席　□忘れ物　□提出物　□生活指導面
□その他（　　　　　　　　　　　　　　　　　）

2 これまでの学校生活で、不安に感じた事や通学しにくくなるような出来事はありましたか。
　　　　　　　　　　　　　　　　　　　　　　　　　✔はい　　□特にない

3 入学後、スクールカウンセラーによるカウンセリングを希望しますか。　✔はい　　□特にない

4 学校生活面で配慮を希望することがありますか。　　□はい　　✔特にない

5 学習面で教員に配慮を希望することがありますか。　　□はい　　✔特にない

6 障がい等で支援を希望することがありますか。　　✔はい　　□特にない

　　　　　　　　　　　　　　　✔すでに個別の教育支援計画を持っている

　　配慮の内容（□トイレ　□食事　□更衣　✔友人との関係　□服装等のこだわり　□その他）

＊さしつかえがなければ、具体的にどのような支援が必要か書いてください。
小学校5年生の時に、算数だけ支援学級で学んだことがある。その時に医者からアスペルガー症候群の診断を受けた。高校では欠点があると進級できないと聞いている。数学がにがてなので、勉強についていけるか不安がある。

7 本人が得意なこと（自慢できること）や評価してほしいところについて書いてください。

困っている友達を助けたり、クラスの役割をすすんでするところ。

**図3-1-1　高校生活支援カード記載例**

高校の教員が個別の教育支援計画の作成に取り掛かることができるようするには，入学前に個別の教育支援計画の作成に必要な情報を把握し，多くの教員が必要に応じて作成に取り掛かることができる環境づくりが重要であると考え，高校生活支援カードを構想した。

　構想段階では，発達障害のある生徒を主な対象とし，スクリーニングを行うことができるような様式であった。しかし，障害のある子どもたちに関わってこられた方々や保護者，経験豊富な教員，学識関係者等からヒアリングを行った結果，高校生活支援カードは，教員のためにあるのではなく，あくまで生徒本人のためでなければならないとの結論に至り，その内容は，将来の進路希望，得意な力，高校生活に期待すること，不安に感じること，支援や配慮について等の聞き取り項目で構成された現在の様式（図3-1-1）になった。

　入学前の早い時期には，まだ教員と信頼関係が築かれていないことと高校生活支援カードをどのように活用するかを説明するために，図3-1-1の裏面には説明文（図3-1-2）を記載している。

## 4 高校生活支援カードの導入

　高校生活支援カードは2013年に大学進学の希望者が多い学校や就職希望が多い学校，定時制高校など様々な高校11校に対してモデル校として先行実施を行

---

　高校では、これまでとちがった環境での学びがスタートします。新しい出会いやはじめて経験する授業など期待が膨らむ一方で、高校生活に不安を感じることもあります。このカードは、高校が、これまでの生徒の学びや育ちを引継ぎ、すべての生徒にとって、安全で安心な学校づくりをすすめるために作成します。
　作成したカードは、教育相談、生徒指導、進路指導、支援委員会などで生徒の指導・支援の充実に向けて活用します。また、必要に応じて個別の教育支援計画の作成につなげていきます。

　　　　※ 二つ折りのまま回収します。
　　　　※ 内側にも名前を記入してください。

**図3-1-2　高校生活支援カード表面説明文**

い，様式の確認，活用方法や課題，成果についてまとめた。

　高校生活支援カードモデル校での成果は，図3-1-3のように整理することができた。「Ⅰ 状況把握（生徒・保護者・地域の状況把握）」，「Ⅱ 意識改革（保護者・教員の意識改革）」，「Ⅲ 支援の充実（生徒・保護者・教員への支援の充実）」の3つである。

　「Ⅰ 状況把握」では，「本人保護者，地域の状況把握」，「支援や配慮を要する生徒の状況とその生徒を取り巻く周囲の生徒の状況を把握」，「障害受容を含めた保護者の状況を把握」。

　「Ⅱ 意識改革」では，「本人保護者の高校生活に対する意識が変化」，「教員の生徒に対する意識が変わった」。

　「Ⅲ 支援の充実」では，「配慮要する生徒の支援」，「クラスづくりなど配慮や支援を要する生徒の周囲の生徒の支援」，「保護者の支援」，「面談や中高連携など担任，教員の支援」。

　モデル校11校で実施した高校生活支援カードは，カードの趣旨や目的を十分理解している支援教育コーディネーターが中心となり，個別の支援と集団の支援，教員に対する支援の3つの場面での支援において有効に活用された。

---

**平成25年度　高校生活支援カードモデル校**

北野高等学校，柴島高等学校，西成高等学校，長吉高等学校，今宮工科高等学校(定時制)，堺東高等学校，堺西高等学校，佐野工科高等学校，佐野工科高等学校(定時制)，泉鳥取高等学校，岬高等学校

---

## 高校生活支援カードモデル校での「3つの成果」

▼

| Ⅰ　状況把握 （生徒・保護者・地域の状況把握） |
| Ⅱ　意識改革 （保護者・教員の意識改革） |
| Ⅲ　支援の充実 （生徒・保護者・教員への支援の充実） |

● これまでの学びや育ち，想いの引き継ぎ　　● 困り感のある生徒と周囲の生徒の状況を把握

（
不登校の経験がある。
いじめを受けたことがある。
授業で板書のサポートを受けていた。等
）

**図3-1-3　高校生活支援カードの3つの成果**

## 5 高校生活支援カードの課題と成果

　高校生活支援カードを本格実施して主な課題となったのは，管理と活用，未提出者そして無記載のカードの3つである。個人情報が記載された高校生活支援カードを管理することは不可欠であるが，管理を厳重にすることにより活用の妨げになるという課題が生じた。活用が進まない学校では，鍵のかかったロッカーや机の引き出しに保管されて特定の人しか閲覧することができない状況になっているケースが多かった。うまく活用できている学校では，高校生活支援カードをデータ化し共有を図る等の工夫をしている。回収に不安がある学校では，未提出者をなくすために，配布後にその場で記載するなどの工夫をしている。空欄が多いカードの取扱いでは，「何も書かれていないのだから，問題ない」と考える学校も多くあったが，定時制高校の支援教育コーディネーターが無記載の生徒の行動観察を重ねた結果，そのような生徒の中に支援が必要な生徒が含まれていることが分かった。

　高校生活支援カードは，この5年間で発達障害等の障害のある生徒だけでなく，高校生活に不安を抱えるすべての生徒達，たとえば，外国にルーツがあり日本語に課題がある生徒，LGBTQの生徒，中学校時代に不登校だった生徒，いじめの被害にあったことがある生徒，リストカットを繰り返すなど心理的に不安を抱える生徒の把握と支援に活用されてきた。

　また，高校生活支援カードは，すべての生徒から収集するので，生徒の個別の状況の把握とあわせて集団の特性の把握を行うことが可能であることから，個別の支援から小集団，大集団の集団形成の一助につながる効果もみられている。安心して過ごすことができる環境づくりには，「違いを認め合う」，「異なった学び方があることを認め合う」等の集団形成が重要である。入学時の早い時期に学級全体の生徒の状況や傾向性を把握することは，生徒が安心して学ぶことができる環境づくりのために重要である。多くの発達障害のある生徒が，環境が大きく変化する入学当初に，失敗体験や強いストレスを感じることがないようにすることは欠かせない配慮である。

　集団の傾向性の把握での具体的な活用方法は，「不安に感じること」として記述欄とチェック欄を設けており，チェック欄（13項目）に多くチェックがついて

いる生徒は不安要素が強いと考えることができる。ある学校では，生徒の約半数が学習と遅刻の欄にチェックが入っていた。さらに，10項目以上にチェックが入っている生徒は約25%であった。また，カウンセリング希望する生徒が約25%という結果であった。このような生徒の集団の傾向性を知ることは，まだ経験が少ない教員にとって，対人関係や学習に不安を感じている発達障害のある生徒が安心して学ぶことができる集団を構築するための支援につながると考えている。

## 6 高校生活支援カードの今後の可能性

　高校に入学してくる生徒の状況も，この数年で多様化している。ある高校は，高校生活支援カードに自尊感情のアンケートを組み入れる取り組みをはじめた。入学前の生徒の自尊感情と高校生活支援カードの記載内容を比較して検討することにより，障害受容の状況やこれまでの支援の状況を推測することができたという報告がある。具体的な例としては，生徒本人がカードに記載する欄に，「配慮を希望しますか？」の項目に「私はADHDです」と記載されていた生徒の自尊感情は非常に高いものであったという例があった。同様に生徒自身が配慮を希望する欄に，「〇〇です」や「いじめが不安」等と自分で記載している生徒の多くは自尊感情が高い傾向にあった。逆に何も記載がない生徒の中に，自尊感情が低く，自己肯定感が十分育成されていない生徒が複数確認された。この結果から，これまでの学校生活で支援学級や通級指導教室で支援を受け，障害受容ができている生徒は自尊感情が高いと考えることができる。この内容と中学校からの聞き取り情報，保護者の高校生活支援カードの情報を踏まえて入学後の生徒の様子を観察することで，この高校では，より適切な支援につなげることが可能になってきた。

　「わかる授業」が多くの学校で実践され，小中学校では提示や説明の方法も子どもの状況に応じて複数提示する等の工夫が凝らされている。このことは，すべての子どもの学びやすさにつながっているものと確信している。高等学校でも取り組みは進んではいるものの，義務教育の学校と比較すると，高校では「本校に入学した生徒のあるべき姿」を優先しがちになり「高校生なのだから」，「高

校卒業するには」等の思い込みから支援が進まない学校が多い。教員が生徒のことを「わかる」授業づくりこそが高校に求められているのではないかと考える。授業の中で教員が生徒の困難さや困り感に気づき，得意なことや適性が「わかる」授業が，高校での適切な指導・支援につながっていくものである。高校は小学校，中学校と異なり，卒業後には自立に向けて社会参加を考えていかなければならない重要な時期であることから，生徒が自己理解から自己実現に向けて進んでいけるような支援が実現できることを切に願っている。

## 【参考文献】

高校で学ぶ発達障害のある生徒のための明日からの支援に向けて．大阪府教育委員会（著）小田浩伸（監修）亀岡智美（監修）．
高校で学ぶ発達障害のある生徒のための共感からはじまる「わかる」授業づくり．大阪府教育委員会（著）小田浩伸（監修）伊丹昌一（監修）．

## 特別支援教育のセンター的機能の実践
—— 支援教育サポート校による高等学校支援

矢田栄美

## 1 大阪府立高等学校における特別支援教育の展開

　高等学校には，発達障がいのある生徒に限らず「多様な教育的ニーズ」のある生徒が在籍している。「授業に集中できない」「友達との関係をつくるのが苦手」「提出物が出せない」など，個々の生徒の実態にどう対応していけばよいのか，日々苦慮している。小中学校における特別支援学級が設置されていないことから，高等学校では，「集団参加」ができることが前提にあり，授業や定期考査，単位認定等の議論でも公平性や平等性が根強く残っている。また現状として，障がいや多様な教育的ニーズのある生徒が，高等学校に進学する率が年々高くなってきており，高等学校側の受け入れ体制や教員の生徒への対応の仕方も少しずつ変化してきている。実際に大阪府内中学校の支援学級在籍生徒の進路状況については，図3-2-1に示すとおり，2011年（平成23年度）に高等学校に進学する生徒数が，特別支援学校高等部に進学する生徒数を上回り，障がいのある生徒も高等学校で学ぶシステムづくりが喫緊の課題になってきた。

　大阪府ではすでに全国に先がけて，高等学校で障がいのある生とない生徒が「ともに学び，ともに育つ」取り組みの制度が2006年から実施されており，教育課程のカリキュラムや授業内容を工夫した「知的障がい生徒自立支援コース」「共生推進教室」の設置にはじまり，「学び直しの機会」を高等学校でもできるよう，授業の形態を工夫した「エンパワメントスクール」の開校など，多様な学びの場の設置が進められてきた。さらに2018年からは高等学校による「通級による指導」が始まり，2020年4月現在，自校通級ではあるが，府立高等学校4校で実施している。

## 2 大阪府での取り組み「高等学校支援教育力充実事業」の概要

　各高等学校に在籍する知的障がいや発達障がい等の生徒が年々増加し，その対象生徒への対応について専門性のある指導・支援が求められる中，2012年より大阪府を4つのエリア（2013年までの大阪府公立高校の通学区域）に分け，各エリアにある自立支援推進校・共生推進校の中から「支援教育サポート校」を大阪府教育庁が指定した。その4校がサポート校となり，知的障がいや発達障がい等のある生徒への教科指導等の充実を目的として，指定校の担当教員が，今まで培ってきた自立支援推進校における支援教育に関するノウハウを集積し，府立・私立学校を中心に支援を行っている。

　事業では，各エリアの学校からの要請に応じて訪問・来校相談を行い，支援を必要とする生徒への具体的な対応を検討するためのアセスメントや，2014年より全府立高校で実施されている「高校生活支援カード」の実施方法のアドバイス，さらに「高校生活支援カード」の作成・活用から必要に応じて策定する「個別の教育支援計画」など，生徒の指導・支援のためのツールの具体的な活用方法，高等学校での特別支援教育を啓発するために，教職員研修の講師や研究授業の公開，卒業後の自立を見据えた連携先の情報提供等に取り組んでいる。また，相談の内容によっては特別支援学校が持つセンター的機能とも合わせて，特

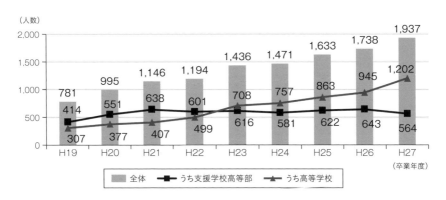

**図3-2-1　中学校支援学級に在籍する生徒の進路状況（各年5月1日現在）**
（平成29年大阪府教育庁教育振興室「知的障がい生徒自立支援コース・共生推進教室の取組みの充実に向けて」より抜粋）

別支援学校教職員とも連携して，府立高校や私立高校で学ぶ障がいのある生徒の支援のてだてに関する助言を行っている。

　図3-2-2に示すとおり，2012年（平成24年）度の事業開始以降年間相談件数等が増加傾向にあり，2018年時点でも，年間相談件数はその前年度とほぼ同数の相談件数になっている。

## 3 支援教育サポート校による高等学校支援の実際

### （1）高等学校支援教育コーディネーター連絡会の開催

　4つのエリアごとに指定された支援教育サポート校では，各エリア内の府立高校や私立高校で任命されている支援教育コーディネーターを対象とした連絡会議を定期的に開催している。支援教育サポート校の一つ，堺東高校では年3回の連絡会議と年間1，2回大阪府内全域に公開研修会を開催している。

　支援教育サポート校としてエリアのセンター的役割を果たすために，連絡会議では，特別支援教育に関する情報提供や教材・教具の紹介，高等学校の各担当者間のつながりを作るための情報交換の時間を設けている。また，連絡会議を開催するときは，エリア内の特別支援学校担当者にもオブザーバーとして参加してもらい，各校のコーディネーターの担当者にとって支援教育サポート校

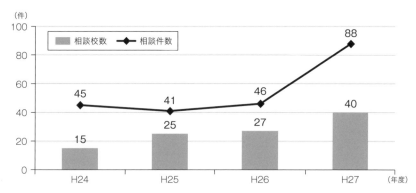

**図3-2-2　高等学校支援教育力充実事業におけるサポート校の相談校数および相談件数**
（平成29年　大阪府教育庁教育振興室まとめより抜粋）

が，何かあれば相談できる「セーフティネット」として機能できるように努めている。年間3回の連絡会議では，開催時期にエリアのコーディネーター担当者が，自分の高校内で困っていることや聞きたいことなどを事前に聞き取り，その内容を連絡会議テーマとして取り上げて，参加担当者が特別支援教育の知識を得る場としても機能している。この数年は「個別の教育支援計画」の作成と活用，ある回では通級指導の実際について，小中学校の通級指導担当者を招き，実践報告を聞く研修を行った。また最近では，WISC-Ⅳの検査結果を学校に持ってきて相談に来る生徒の事例も増えてきたことから，特別支援学校担当者に「WISC-Ⅳの概論と検査結果から具体的支援のてだてを考える」テーマで研修を組んだ。各校参加者からのアンケートでは「連絡会議に参加すれば，他校の状況も知ることができて，とても貴重な機会です」「具体的な事例や対応について情報交換できるので，校内でも実践したい」等のコメントが寄せられ，時には孤軍奮闘しがちな担当者が，連絡会議に参加することで同じ課題や悩みに共有しあい，励ましあって連携を深めて自校に還元する仕組みも支援教育サポート校として，大切な役割であると痛感している。

### (2) A高校の事例：継続的な訪問相談で，校内支援体制の構築を図る

　支援が必要な生徒への対応は，一人の担当者だけが抱えるのではなく，教員間で連携を図りながら進めることが重要である。誰かの努力や意志の力ではなく，「仕組み」を作ることが学校の組織を活性化させるポイントであり，支援教育コーディネーターが人と人，組織と組織をつなぐジョイントの役割を担う。

　相談の要請があったA高校では，これまでも配慮を要する生徒に対してはケースバイケースで対応してきた。しかし，この数年で転退職者の増加や新規採用の教員の増加もあって，今までの「何となく自然な形」での対応では解決しない事例が増えてきた。A高校の担当者からの相談要請があって，訪問相談に伺い話を聞く中で，相談校の課題として次の3点について重点的に支援する必要があった。

### ①個々の教員の伝承ではなく学校としての「システム」をつくる

　校内支援体制のシステムづくりのために，新しい組織を一から作るのではな

く，既存の校内委員会の役割を改めて明確化し，図3-2-3のように，「気になる生徒」の対応を支援教育コーディネーターが段階を踏んで連携できるように体制づくりを進めた。

**②発達に課題のある生徒への理解と啓発**

一担当者や担当組織だけが発達障がい生徒への対応を理解するのではなく，学校全体としての理解と啓発を兼ねて，教職員研修やグループワーク等の研修を実施した。相談要請校の教員も，日々接している生徒たちへの具体的な対応の仕方や，発達障がいによる行動の特性の理解が進み，問題が起こった時も行動のみに着目せず，その生徒の背景に着目して話を聞くなどの変化が出てきた。

**③学びや育ちの引き継ぎのツールとしての「個別の教育支援計画」の作成**

発達障がいやその特性のある生徒がどのように支援すれば，集団の中で過ごしやすく学びやすい場になるのかを担任や担当者間で議論を重ね，学校で行う具体的な内容を「個別の教育支援計画」に記載した。また，「個別の教育支援計画」の目標に照らし合わせて，各授業での共通した重点指導を「個別の指導計画」で示し，本人や保護者とも指導到達目標を確認した。本事例は，生徒指導上でも名前が多く挙がっていたが，指導の方法を支援教育コーディネーターが

~一担当者だけでなく「**チーム**」としてどう進めるか~

〈支援の段階〉　　　〈支援教育コーディネーターの役割〉

**担任**の気づき　➡　要支援生徒に関する諸課題を担任と連携して整理

**学年**での共有　➡　諸問題を整理し，現況と合わせて共通理解を図る

**校内**での共有　➡　ケース会議などを経て，学校内での共通理解

**他機関**との連携　➡　関係機関との連絡・調整，具体的支援の整理

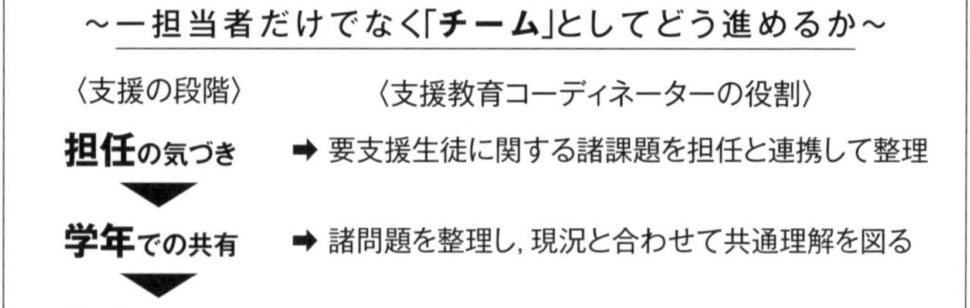

**図3-2-3　校内支援体制のシステムについて（校内研修スライドより）**

呼びかけたことで統一がなされ，生徒に対する言葉がけも頭ごなしではなく，具体に今するべきことの指示がされるようになり，結果として一貫した指導ができたことで問題行動が軽減してきた。また，個別の教育支援計画の様式も特別支援学校の助言を受けながら改訂を重ね，卒業時には次の進学先に「個別の移行支援計画」を引き継ぐことができた。

## (3)「少し先の未来を想定した自立に向けて」小中学校への進路支援

　堺東高校では，高校支援をしていく中で，近隣の市町村教育委員会からの研修講師も毎年複数件の依頼を受けている。小中学校の教員が，支援を必要とする子どもたちが高等学校へ進学する年齢になった時に，どのような進路先があるのか，特別支援学校か，高等学校かの情報を得る機会も少なく，保護者への対応にも悩む教員も多い。支援教育サポート校としての教員向け研修では，高等学校での学びの場の紹介や，それに加えて現在高等学校で学ぶ発達障がい等のある生徒たちと日々接して感じること，小中学校時代にもっと獲得しておいたほうが良いと考える「人とつながる力」を身につけることや，学習スキルの大切さ，並行して「挨拶・感謝・謝罪が言える力」を習慣としてできることが社会的自立につながるということを伝えている。

## 4　まとめ

　高等学校支援を進めていくにあたっては，まだまだ集団の中で進めていく文化が根強く残ってはいるが，今後ますます多様化する生徒に対して，集団で過ごすからこそ「個」に焦点をあてた指導・支援の充実が大切であることを啓発していきたい。そして，高等学校でも特別支援教育の視点が取り入れられ，特別支援教育がどの生徒にも通じる教育であることを，支援教育サポート校の担当教員として今後も理解啓発を続けていきたい。

### 【引用・参考文献】

大阪府教育委員会．(2017)．知的障がい生徒自立支援コース・共生推進教室の取組みの充実に向けて：10年間の成果をふまえて．大阪府教育庁教育振興室支援教育課

# 第4章

# 通常学級での特別支援教育の実践と課題

## 1 ユニバーサルデザインの視点を取り入れた授業実践

黒崎千春

## 1 はじめに

　平成21年4月に校地内に知的障害を有する生徒を対象とした高等部が出雲養護学校邇摩分教室として設置され，年間を通して生徒どうしの交流および共同学習や教員間の特別支援教育に関する合同研修の実施につながった。本校の生徒の中には，中学校時に通級による指導を受けていたり，発達障害等の診断がある旨の報告を保護者から受けたりするなど，特別な支援や継続した特別支援教育を必要とする生徒の数が年々増加する傾向にあり，その対応が急がれる状況であった。

　これらの状況を改善するために，平成26年度から文部科学省の事業である「高等学校における個々の能力・才能を伸ばす特別支援教育事業」の研究指定校の認定を受け，平成29年度までの4年間，自立活動を取り入れた特別の教育課程の編成および一斉授業の改善工夫に関する研究の開発を行うことになった。

　そこで，つぎの2つの研究仮説を立てた。1つめは，隣接する特別支援学校分教室の自立活動担当教員，邇摩高等学校自立活動担当教員が，障害のある生徒へ自立活動の指導（ライフスキルトレーニング，キャリアトレーニングなど）を行うことをとおして，障害のある生徒が「人間関係の形成」および「コミュニ

ケーション」を中心としたスキルを身につけ，授業時間や休み時間，部活動等の学校生活，インターシップ等の校外活動において，より円滑な人間関係を築くために適した行動をとることができる。また，効果的なライフスキルトレーニングやキャリアトレーニング等の実施や学習課題のある生徒への学習支援を進める上で，ICT機器（タブレット端末等）を活用することは，生徒の意欲と主体性を高めることができる。

2つめは，教務部を中心に，学校全体で「『見える』学びを目指して」をテーマに，ICT機器の活用やユニバーサルデザインの視点を取り入れた一斉事業の改善工夫により，障害の有無にかかわらず全ての生徒にとってわかりやすい授業づくりを行うことで，生徒が主体的に授業に参加できる。

本稿では，この2つめの仮説に基づいた本校の実践を紹介する。

## 2 ユニバーサルデザイン（UD）の視点を取り入れた授業実践

平成27年度の京都教育大学の相澤雅文教授の特別講義，大阪府立茨田高等学校への先進校視察や校内研修会を経て，一斉授業の改善工夫として「邇摩高ルール」を制定し，平成28年度4月から試行を経て10月より完全実施した。

この取り組みは全校生徒及び全教職員へのアンケート調査を実施して，生徒が感じている学習に対する困難さの実態把握を行った。その結果をもとに，ユニバーサルデザイン（UD）の視点を取り入れた授業展開及び環境整備を試み，振り返りのためのアンケートを実施するなど，成果と課題を把握しながら段階的に実施した。また，校内のICT機器の充実を図り，一斉指導の改善工夫に取り組むこととで学習に困難を示す生徒に対しての支援を全体に広げ，他の生徒にもより一層「わかりやすい授業」となることを期待して取り組んだ。

### （1）UDの視点を取り入れた授業の考え方

本校では，図4-1-1のような図を用いて教員間のUDの視点を取り入れた授業に関する捉え方を統一している。

具体的には，壁の向こうを見るために身長差をカバーする目的で置いた足台を「特別な支援」と見なす。この支援を1人にだけ行うのではなく，全員に対し

て行うことで，もともと壁の向こうを見ることができていた生徒もより一層遠くを見ることができるようになる。個人によって必要な足台の高さは異なるため，全体に置いた足台でも高さが足りない生徒には，さらに足台が必要となる。本校では生徒全員に対して置く足台を「ユニバーサルデザイン」とし，さらなる足台を「自立活動」という枠組みで捉えている。

### (2) UDの視点を取り入れた授業の推進

UDの視点を取り入れた授業を実践するにあたり，先進校視察及び研修会への参加，校内報告会，校内研修会等を実施した。一言にUDといってもその内容は多岐にわたるため，まずは本校独自のルール（通称「邇摩高ルール」）を作成するために協議を重ねた。突然壮大な授業改革を行ったとしても，教員はもとより生徒にも混乱が生じてしまうことが懸念される。第一段階としては「現状を維持しつつ，整理できるところを整えていく」という考え方で取り組みを始め，図4-1-1に示す「小さな足台」を少しずつ積み重ねていくこととした。

京都教育大学教授の相澤雅文氏によれば，UDの授業構成は視覚化，簡素化，共有化，概念化，一般化の5種類に分類できるということであった（図4-1-2）。本校ではこの考え方を参考とし，「邇摩高ルール」の作成にあたって，まず視覚化に焦点を絞り実践していくこととした。平成28年度には「ユニバーサルデザ

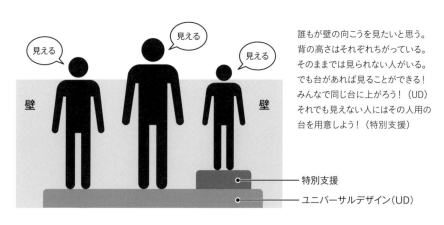

誰もが壁の向こうを見たいと思う。背の高さはそれぞれちがっている。そのままでは見られない人がいる。でも台があれば見ることができる！みんなで同じ台に上がろう！（UD）それでも見えない人にはその人用の台を用意しよう！（特別支援）

見える
見える
見える
壁
壁
特別支援
ユニバーサルデザイン（UD）

**図4-1-1　ユニバーサルデザインの視点を取り入れた授業の捉え方**

イン推進委員会」(校長，教頭，教科主任，各分掌長による)を立ち上げ，前期に「邇摩高ルール」を試行し，後期より完全実施した。その間，校内研修会や互いの授業を参考にしあう互見授業期間等を設け，全教職員が一丸となって取り組んで行けるような体制づくりを行った。平成29年度にはその流れをくみ，年度初めの職員会議で新転任教職員にも「邇摩高ルール」を周知し，全教職員で取り組んだ。

　一斉授業に関する「邇摩高ルール」は，図4-1-3に示す5項目とした。これらのルールを全教員で徹底していくことにより，教授方法の違いによる生徒の戸惑いを減らし，全ての生徒にとってより安心感のある「わかりやすい授業」づくりができるのではないかと考えた。

| 視覚化 | 簡素化 | 共有化 | 概念化 | 一般化 |
|---|---|---|---|---|
| ビジュアルな授業 | 指示・情報をシンプルに | 意見をみんなでシェア | 「学び」をイメージ | 「学び」をジェネラルに |

**図4-1-2　ユニバーサルデザインの視点を取り入れた授業構成**

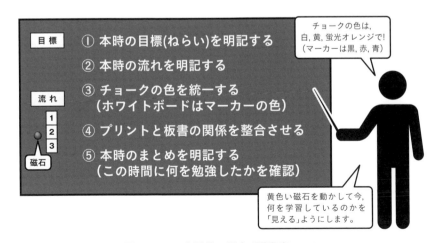

**図4-1-3　一斉授業に関する邇摩高ルール**

## （3）UDの視点を取り入れた校内環境整備

　UDの視点を取り入れた一斉授業の推進を行う中で、教職員より校内環境に対する意見が出るようになった。「チョークの色を統一したり目標や流れを明記したりするようにしているが、黒板周辺が散らかっている現状で果たして効果があると言えるのだろうか。」という意見である。これを受け、図4-1-3に示す「邇摩高ルール」の効果をより有効なものにしていくために、校内及び教室環境の整備を図ることとした。図4-1-4は「環境整備に関する邇摩高ルール」である。

　前黒板の連絡掲示物をなくし、生徒が授業に集中できるようにした。これにより、前黒板に記載される内容は、本時の授業内容のみとなった。授業内容と連絡掲示物等を明確に区別するため、前黒板横に新たに連絡用ホワイトボードを設置した。ここに記載されるのは、月・日・曜日・日直・その日の連絡事項

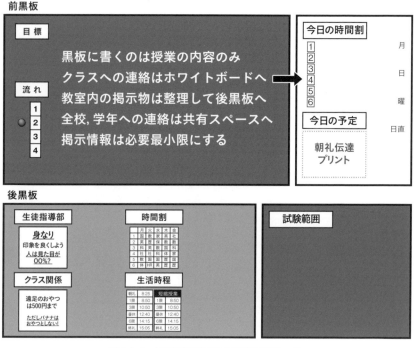

**図4-1-4　環境整備に関する邇摩高ルール**

のみであった。

　教室内の掲示物を最小限の量にとどめ，全ての教室で同じ配置に掲示するよう整理することとした。本校の教育課程は総合学科特有で選択授業の割合が多い。特に，3年生は大半の授業が教室移動を伴う系列授業もしくは選択授業である。したがって，どの教室に移動しても一定程度同じ環境で授業を受けられることは生徒の安心感につながると考えられる。

　全校生徒あるいは学年全体に知らせたい掲示物については教室外に掲示することとした。教室外の掲示物については，情報が校内の様々な掲示板に散在していたため，「ここに行けばあの情報がある」ということが生徒にも教員にもわかりやすくなるよう，掲示物の種類によって掲示場所の指定を働きかけた。例えば，ボランティア募集情報など生徒指導部に関係する情報は生徒指導部職員室付近，求人票やオープンキャンパスなど進路指導部に関する情報は進路指導室前，学年部に関係することは各学年教室の階段付近というように，関連職員室前や各学年が通路として利用し見やすい場所とした。

### (4) ICT機器の活用

　取り組み開始当初は校内教職員の中にも温度差があり，ICT機器の活用について批判的な意見も見られた。例えば，ICT機器の使用が生徒の学力向上につながるということに対して疑問視する声や，ICT機器の使用に自信がないという声などが挙がった。これらの声を受け，前者に対しては「生徒が興味・関心をもてるように」ということを合言葉とし，積極的な使用や授業導入部分の短時間の使用を呼びかけた。また，後者に対してはICT機器の活用に伴う校内研修会を行うこととした。ICT機器の活用により，生徒が興味・関心を持って授業に臨めるのであれば，それは生徒の学力向上にも効果が期待できるのではないかという仮説を持って進めている。

　ICT機器活用を推進する環境づくりとして，クラスルームと主要多目的教室に壁掛けの固定式プロジェクターを設置した。無線アンテナにより，タブレットの画面を黒板に直接映し出すことができるようになり，さらにはタブレット端末を用いたグループ学習等が容易に行えるようになった。

## 3 おわりに

　平成30年度から高校通級の制度化がスタートした。高校における通級は，あくまでも，普段の一斉授業・集団指導を基盤として実施されるものである。よって，本校で実践してきたUDの視点を取り入れた一斉授業の工夫・改善の取り組みは，今後も効果的であると考える。今後必要に応じ「邇摩高ルール」の改善・見直しを実施するとともに，ICT機器を活用した分かりやすい授業実践，確実に知識・技術を身に付けさせる授業や実習の展開に向けた講習会等を充実させ，教員の指導力の向上を目指していきたい。そして，これからも多様化する生徒への支援の方法について評価・改善を積み重ね，「生徒一人ひとりを大切にする教育」を目指し，全教職員が同じ目線で同じ方向を向いて取り組んでいきたい。

## 2 特別支援教育の視点を取り入れた教科指導の工夫
——数学科の実践

加納 明彦

## 1 生徒の苦手感から授業のあり方を見直す

　学習障害の分類の一つに算数障害（ディスカリキュア）がある。DMS-5では，算数における困難さを「(1) 数感覚（数量概念）」「(2) 数的事実の記憶（暗算）」「(3) 正確で流暢な計算（筆算）」「(4) 正確な数学的推論（文章題）」の4つの観点で整理されている。こうした算数障害による困難があると，小学校時期では，九九の暗唱や繰り上がりの計算が定着しない，小数分数と数量の概念が入ってくると処理しきれない等の問題が次第に顕著になっていく。

　中学校では，算数は数学となり文字を合めた数式の処理が多くなり，決まりごとも多くなって操作も複雑となる。

　算数とは違う，数学になることによる課題は，以下のように整理し直すことができる。

　①数量の把握の困難，大小関係の把握（特に負の数・分数・小数の混乱）

　②式の表記・記号の表記の意味するところが読み取り（位置関係による意味の違い）

　③操作のルールが重層過ぎてミスが多発する（計算の途中で目標を見失う）

　④数学的な文章から題意を連想できない。（問題文からやるべき操作につなげられない）

　本稿では，「算数が苦手な生徒」の視点で，上記の困難さについての学習におけるハードルを丁寧に見直し，克服の方法を見出していくことを目標に構成を考えた。

## 2 公式や操作のガイドを手掛かりに，作業をする中で意味を把握する

　高校段階になって，前述の①〜④を中学やさらに小学校の課題まで戻って克服していくのは，かなりの意欲と労力がいる。小学校での小数の積み残しがあっても整数の範囲で公式を処理したり，数字の計算も1〜2桁の範囲で済むようにすれば，ほとんどの高校の内容は学習可能である。

　初めに留意すべきことは，まず①はなるべく回避し，②と③の部分でのつまずきを少なくすることである。「公式の構造を視覚的なイメージで伝える」「重層的なルールを必要な場所に想起させる"ガイド"を配置する」を主眼に置くことである。以下いくつかの単元について，生徒の反応をもとに改善してきた教材について具体例を示す。

【教材1】中学校の復習——数字の代入で意味の理解の定着を図る

　中学校で学年が進むと，文字式を公式にしたがって変形することで答えを導くことが多くなっていく。文字が数字を置き換えたものであるという「代数」の基本が，十分実感できない状態で作業していることに課題がある。文字式の構造や，ルールは，そこに具体的な数をあてはめる操作をくり返すことで明確に理解される。

　そういった視点から，中学校の復習では，まず数学的表記（係数や指数，×の省略等）の意味と　文字は□や（　）で示し，数字を入れる"箱"であることを再認識できることに重点を置いたカードゲームの教材を作成した。

─────────────
数と式のカードゲーム …ゲーム方式で苦手感の克服も兼ねる
─────────────

ルール：　①方程式を，□で表した。等式が正しくなる数字カードを選ぼう
　　　　　②一つの式の□に入るカードは同じ数字カード
　　　　　③あてはまるものが，一つとは限らない

| 0 | 1 | 2 | 3 | 4 | 5 | −1 | −2 | −3 | −4 | −5 |
|---|---|---|---|---|---|----|----|----|----|----|
| 0 | 1 | 2 | 3 | 4 | 5 | −1 | −2 | −3 | −4 | −5 |

(1)　$x + 2 = 5$　　　　$\square + 2 = 5$

(2)　$2x + 3 = 9$　　　$2 \times \square + 3 = 9$

(3)　$x^2 = 4$　　　　$\square \times \square = 4$

(4)　$(x + 1)^2 = 9$　　$(\square + 1) \times (\square + 1) = 9$

(5)　$(x - 1)(x + 3) = 0$　$(\square - 1) \times (\square + 3) = 0$

この操作を繰り返したのち，式での計算問題に取り組む。

**【教材2】多項式の展開**（高等学校学習指導要領_第1数学Ⅰ_2-(1)数と式）

　先に述べた②と③の部分に留意して，"ガイド"を配置したプリントで乗法公式に，2項をあてはめる作業を繰り返し練習する。実際の作業で間違えやすい$a^2$に$2x$をあてはめるのを$2x^2$としたり，$(3x)^2$を$6x^2$としてしまう操作ミスを減らしたいという意図で作成している。

乗法公式の活用 …次の式を公式で展開せよ。★公式はイメージでとらえておこう。

乗法公式：　$(a + b)^2 \quad = \quad a^2 \quad + 2ab \quad + b^2$
　　　　　　$(\bigcirc + \square)^2 = (\bigcirc)^2 + 2(\bigcirc)(\square) + (\square)^2$

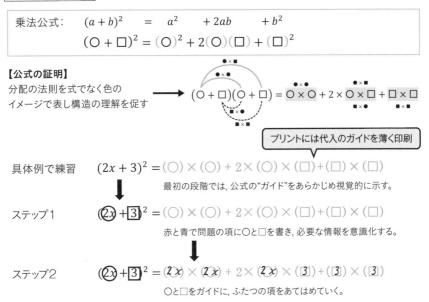

**【公式の証明】**
分配の法則を式でなく色の
イメージで表し構造の理解を促す

$(\bigcirc + \square)(\bigcirc + \square) = \bigcirc \times \bigcirc + 2 \times \bigcirc \times \square + \square \times \square$

プリントには代入のガイドを薄く印刷

具体例で練習　$(2x + 3)^2 = (\bigcirc) \times (\bigcirc) + 2 \times (\bigcirc) \times (\square) + (\square) \times (\square)$

最初の段階では，公式の"ガイド"をあらかじめ視覚的に示す。

ステップ1　$(②x + ③)^2 = (\bigcirc) \times (\bigcirc) + 2 \times (\bigcirc) \times (\square) + (\square) \times (\square)$

赤と青で問題の項に〇と□を書き，必要な情報を意識化する。

ステップ2　$(②x + ③)^2 = (②x) \times (②x) + 2 \times (②x) \times (③) + (③) \times (③)$

〇と□をガイドに，ふたつの項をあてはめていく。

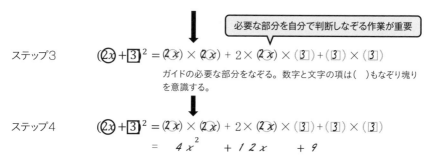

必要な部分を自分で判断しなぞる作業が重要

ステップ3　$(2x + 3)^2 = (2x) \times (2x) + 2 \times (2x) \times (3) + (3) \times (3)$

ガイドの必要な部分をなぞる。数字と文字の項は（　）もなぞり塊り
を意識する。

ステップ4　$(2x + 3)^2 = (2x) \times (2x) + 2 \times (2x) \times (3) + (3) \times (3)$

$$= \quad 4x^2 \quad + 12x \quad + 9$$

数字の部分の部分の掛け算をして文字の部分は指数で整理する。

　同様に，他の乗法公式についても反復して練習を繰り返しガイドを減らして
いく。

【教材３】２次関数のグラフ（高等学校学習指導要領_第１数学Ⅰ_2-(3) 2次関数）

2次関数のグラフ …次の式の表す線をグラフにしよう。

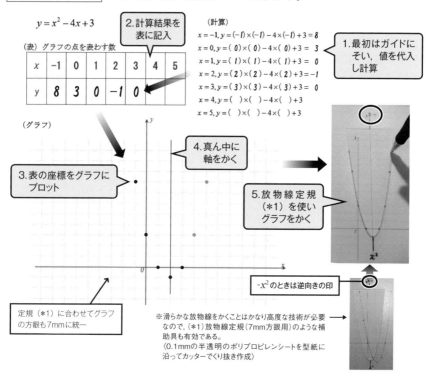

$y = x^2 - 4x + 3$

2.計算結果を
表に記入

（表）グラフの点を表わす数

| x | -1 | 0 | 1 | 2 | 3 | 4 | 5 |
|---|----|---|---|---|---|---|---|
| y | 8 | 3 | 0 | -1 | 0 | | |

（計算）
$x = -1, y = (-1) \times (-1) - 4 \times (-1) + 3 = 8$
$x = 0, y = (0) \times (0) - 4 \times (0) + 3 = 3$
$x = 1, y = (1) \times (1) - 4 \times (1) + 3 = 0$
$x = 2, y = (2) \times (2) - 4 \times (2) + 3 = -1$
$x = 3, y = (3) \times (3) - 4 \times (3) + 3 = 0$
$x = 4, y = (\ ) \times (\ ) - 4 \times (\ ) + 3$
$x = 5, y = (\ ) \times (\ ) - 4 \times (\ ) + 3$

1.最初はガイドに
そい，値を代入
し計算

（グラフ）

3.表の座標をグラフに
プロット

4.真ん中に
軸をかく

5.放物線定規
（＊1）を使い
グラフをかく

$-x^2$ のときは逆向きの印

定規（＊1）に合わせてグラフ
の方眼も7mmに統一

※滑らかな放物線をかくことはかなり高度な技術が必要
なので，（＊1）放物線定規（7mm方眼用）のような補
助具も有効である。
〈0.1mmの半透明のポリプロピレンシートを型紙に
沿ってカッターでくり抜き作成〉

〈ポイント1〉…代入を繰り返すことで関数の式の意味を理解する

引き続き放物線の方程式の変形した式の意味も代入を通じての気づきを大切にしている。

$y = (x-2)^2 + 1 \Rightarrow y = ((\quad)-2) \times ((\quad)-2) + 1$ に代入し表からグラフをかく…（ア）

$y = (x-1)(x-3) \Rightarrow y = ((\quad)-1) \times ((\quad)-3)$ に代入し表からグラフをかく…（イ）

（ア）（イ）が $y = x^2 - 4x + 3$ のグラフと一致することからそれぞれの変形式の意味を考察する。

〈ポイント2〉…数の代入の"ガイド"は慣れれば，問題に**ルビのようなイメージ**で適当なものを添える

| ガイド1 | $x^2 - 4x + 3$ |
|---|---|

$(\ )\times(\ )$  $4\times(\ )$

| ガイド2 | $x^2 - 4x + 3$ |
|---|---|

$\bullet\times\bullet$  $4\times\bullet$

| ガイド3 | $x^2 - 4x + 3$ |
|---|---|

$x\times x$  $4\times x$

【教材4】不等式の表す領域（高等学校学習指導要領_第2数学Ⅱ_2-（2）図形と方程式）

不等式は方程式より感じている生徒が多い。しかし，その原因は，領域というイメージをしっかり持てない状態でグラフの上下（内外）に斜線を引いて問題が解けたように感じる学習の方法にある。不等式においても，具体的な数値を式に代入して確認することで，「確かに斜線部が不等式を満たす範囲」であることを実感しやすくなる。時間がかかっても，この作業はやるべき価値は大きい。

不等式の表す領域 …次の不等式を満たす点の集まりを表の計算と図で確かめよう。

（1） $y > x - 3$

格子点の計算表

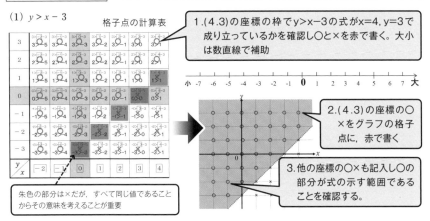

1.(4.3)の座標の枠でy>x-3の式がx=4, y=3で成り立っているかを確認し〇と×を赤で書く。大小は数直線で補助

2.(4.3)の座標の〇×をグラフの格子点に，赤で書く

3.他の座標の〇×も記入し〇の部分が式の示す範囲であることを確認する。

朱色の部分は×だが，すべて同じ値であることからその意味を考えることが重要

59

（1） $x^2 + y^2 \leqq 9$

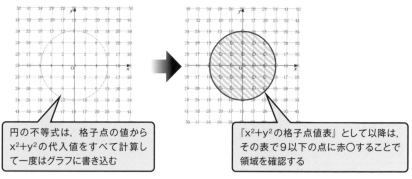

円の不等式は，格子点の値から
x²+y²の代入値をすべて計算し
て一度はグラフに書き込む

『x²+y²の格子点値表』として以降は，
その表で9以下の点に赤〇することで
領域を確認する

【教材5】三角関数（高等学校学習指導要領_第2数学Ⅱ_2-（4）三角関数）

　　　　　　　　三角関数に入ると角度の単位が，度数法から
ラジアン法になる。「なんでラジアン？」と困惑
した経験がある人が多いと考えられる。しかし，
「ラジアンの方が捉いやすい」ことに気づくこと
が，この単元の主眼である。<u>ポイントは30°刻み
のみでスタート</u>することである。
（45°を同時にやるので混乱を招く）

導入：「これからは半円の角度180°をπ（パイ）とします」と宣言する。
「なんで一周360°がπでないの？」という声でるが，私は「〇〇ピザも
1ホールの半分が1人前だよね」とそこは深入りせずに，以下の角度を6
分のπごとに塗りつぶす作業に入ることにしている。

π で角度を表そう …次のπの記号の角度を赤で塗ろう（ラジアンの方が実は簡単）

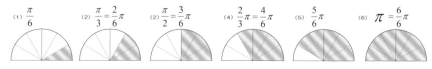

同様に2πまで塗り進んだところで「ピザ一切れ分＝6分のπ」が3枚で直角，6

枚で180°，12枚で一周することを確認する。この表記では約分しない方が，角度のイメージがしやすい。また，ちょうどアナログ時計の1時間分が6分のπであることから270°といわれるよりも「6分のπが9枚分の角度といった方が具体の角度のイメージも付きやすい効果がある。

さらに三角関数も「6分のπ」を単位に考えると，その枚数で角度を表すことで，左図のような補助線があれば，サインカーブも容易にグラフ化できる。単位円の円運動の軌跡とつながることも期待できる。

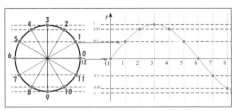

苦手の多い平行移動したグラフのずれも，スタート位置に着目すれば理解しやすい。「角度θがゼロの時，もうプラス6分の

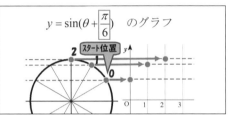

$y = \sin(\theta + \dfrac{\pi}{6})$ のグラフ

π（1つ分）進んでいる（1つ分フライングというとよく伝わる）」と捉えれば，スタート位置が左回りにひと区切り進んだ位置になっただけである。そこから回り始めれば軌跡はおのずとたどれるので，式からグラフのずれ方をイメージすることも容易になる。

最後に三角関数の不等式であるが，グラフをもとに考えれば，その領域もわかりやすくなる。

$y = \sin\left(\theta\right) \geqq \dfrac{1}{2}$ の表す角度θの範囲をグラフで調べπで表そう。（一周の内で考えること）

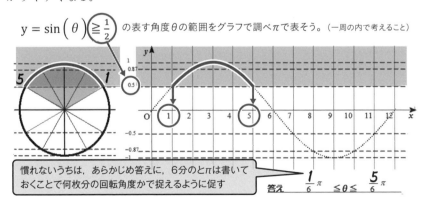

慣れないうちは，あらかじめ答えに，6分のとπは書いておくことで何枚分の回転角度かで捉えるように促す

答え　$\dfrac{1}{6}\pi \leqq \theta \leqq \dfrac{5}{6}\pi$

## 3 教材の試行錯誤が結果としてユニバーサルデザインにつながる

　以上の5つの教材例からも，代入という操作を重視した教材づくりに努めてきたことと，その意義について解説した。まとめとして，教材を実際活用して気づいた点について補足したい。

　教材2においては，「公式を暗記していることと代入できることは，違う認知機能の操作を伴っているということ」，言い換えると「代入には文字の暗記でなく構造を捉えることが不可欠である」ということがわかってきた。教材3においては，「数字の代入が式に意味を持たせること」，言い換えると「代入することで学習者に式の意味が意識され具体の式の結果を比較することで内容の理解が深化する」ということである。教材4においての代入は，現在の学校現場ではほとんどなされることはない時間のかかる作業である。しかし，順番に列に沿って計算を進めていくことで，規則性がよりリアルに感じ取れることを著者自身も作業をおこなったから気づくことができた。「やってみなないと分からない」ということをまさに感じることのできる教材であると考えている。教材5については，「約分をしない方がよい」ということも大きな発見であった。冒頭①にあげた困難さで「分数はなるべく避けた教材を模索」してきたが，「分数も使用する場所と示す量的感覚が合致すれば，苦手でも十分扱える」ことを学習に思い切って活用してみて気づかされた。逆に言うと「ラジアンを勉強することで分数の持つ意味が学習者の中で広がった」ということでもある。これは分数の習得を再び小学校の単元に戻って行うというものとは，違う次元での学習が生じているという発見であった。

　ユニバーサルデザインの教材が話題となるが，筆者自身は，初めからユニバーサルなように考え抜いて教材を作ってきたのではない。教材のヒントや気づきは生徒たちの反応であり，教材づくりの先生は生徒たちであった。ここに挙げた教材も，生徒たちに気づかされたことを反映して改良していくうちに，自ずとそれが，「ユニバーサルデザイン的なものになってきた」のではというのが正直な実感である。

　本稿では，高校からの学び直しにおいて，学習を提供する側が教材や支援の工夫を丁寧におこなうことで，数学においても力が向上していくことを示して

きた。④の困難さの問題についてあまり触れることはできなかったが，教材を工夫すれば作業を通じて構造を理解することで，文章題などの具体の事物に「あてはめて」いく力も育っていくものと考えている。

# 第5章

# 通級による指導の実際

## 1 定時制昼間部における通級による指導

### 熊本由以子

　平成30年4月から高等学校における通級による指導が制度化し，本県では3校の高等学校で通級による指導を開始した。平成31年度（令和元年度）からは新たに2校が開始した。各校の担当は特別支援学校の教員が担当者として配置されている（1校は高等学校の教員が担当している）。本稿では，筆者が所属している長崎県立佐世保中央高等学校昼間部の通級による指導の実践例を紹介する。

### 1 佐世保中央高校昼間部の特別教育支援の体制

　本校は，昭和52年に開校した定時制通信制独立校であり，現在は定時制（昼間部・夜間部），通信制の三課程において，それぞれ特色ある教育活動を行っている。

　本校昼間部は，文部科学省の特別支援教育に関する研究指定を平成26年度から4年間受けており，学校全体で「学びやすい教室環境づくり・わかりやすい授業づくり」を研究の基盤として確立した上で，通常の学級における個別の教育的な支援，そして，通級による指導につなげていくという体制を強化してきた。

　昼間部の生徒は，平成31年4月現在において123名であるが，不登校，発達障害の可能性のある生徒の割合は高く，生徒の実態としては，経済的に厳しい家

庭が全般的に多く，不登校を経験した生徒や特別な配慮や支援が必要な生徒が約半数程度在籍している。

以上のような生徒が多数在籍するため，生徒の特性に応じた学習面，生活面の両面から適切な指導と必要な支援ができるように学校全体で特別支援教育に取り組んでおり，通級による指導はそのような配慮のみでは不十分な場合に行われるものと考え，対象生徒を決定している。

本来なら，本校の学校全体で行っている取り組みも紹介するべきところであるが，本稿では「通級による指導」の実践について紹介する。

## 2 本校昼間部の「通級による指導」について

### (1) 教育目標

教育目標としては『社会の中で自分らしく生きていけるように』というテーマで，具体的には以下のような内容の目標を設定している。

- 一人一人の特性に応じた学習を行い，課題を生徒自身が改善・克服できるようにする。
- 卒業後の自立と社会参加を見据えて，コミュニケーション能力や対人関係などの課題を解決する。
- 通級による指導で学んだことを他の場面でも活かすことができる（般化）ようにする。

### (2)「通級による指導」の実践

本校昼間部は通級による指導を「SWP」(Self-help Work Program) という授業名にしている。学習指導要領によれば，通級とは，特別支援学校の自立活動に相当する指導であり，自立活動は個々の生徒の状態や発達の程度等に応じて必要とする項目を選定し，それらを相互に関連付けて指導内容を設定するものである。

授業時数は週2時間（年間70時間）を基本とし，選択科目と同じ時間帯に指導できるように設定している。

主にコミュニケーション，対人関係に課題がある生徒，卒業後，進学や就職したときに，スムーズに適応できないのではないかと思われる生徒が対象となることが多く，医療的診断がなくても対象にしている。1年次での生徒観察を踏まえ，本人・保護者の同意の上，2年次から実施している。3年次の継続実施については，2年次の状況を踏まえ改めて検討している。

　T1（通級指導担当教員）とT2（補助教員）で実施していることが多く，T2には，昼間部のほぼ全員の教員が交代で担当するようにしている。

　授業の一環として夏休みや秋休み，冬休みに2日間〜4日間の「校外体験学習」を実施している。この校外体験学習では就労のイメージを作ることができ，具体的な職業観を育成していくことにつながっていると実感している。日々の授業の振り返り，目標を見直す機会にもしている。

　対象生徒一人一人に「自立活動の個別の指導計画」を作成している。そこに設定している目標からみて満足できるかどうか，単位認定と認めるかどうかをSWP評価委員会で検討するようにしている。

## （3）対象生徒の実態

　平成31年度（令和元年度）は8名の生徒でスタートし，そのうち7名は医学的な診断がある生徒であった。一人一人の課題は異なるが，自己理解ができていない，自己選択ができない，感情をうまくコントロールすることができない，人と上手に関わることができない，場に応じた行動のとり方が分からない，自分の気持ちを上手に伝えることができない，等の課題を抱えている生徒が多い。

## （4）主な指導内容

　一人一人の目標，課題に応じて指導内容を決めている。主な指導内容は，自己理解を深めること（どのくらい自己理解できているか，身につけたい力は何か等），自己解決力を身につけること（苦手なところをどう補うか，どうサポートしてもらったらよいか等），場面に応じた行動を考え，練習すること，卒業後の進路，卒業後の生活について考えること，言語についての基礎的な知識を身につけること，校外体験学習の準備や振り返りを行うことである。

　生徒の実態や課題を考慮しながら，1グループ2〜3人で行う授業や，教員と1

対1で行う授業を設定している。

### (5)「通級による指導」における授業の実際

　通級による指導の授業例を紹介する。3年次のGさん（男子）とHさん（女子）の授業であり，ロールプレイを通して，どのような行動がいいのかを考える授業である（図5-1-1）。絵は通級を受けている生徒が書いたものである。

　周りから見てあまりよくない態度をとった時は，どうしたらいいのかを生徒たちに考えさせ，わからないときはお手本を示し，図5-1-2の⑧（ロールプレイG-4）のように，自分の気持ちを上手に伝える練習を行う。このような流れで授業を行っている。どんな態度をとったらいいのかわからない生徒も多く，相手が嫌な思いをしないような言葉や表情，態度などを丁寧に教えていく必要がある。

## 3 まとめと今後の課題

　通級による指導を通して「社会で自分らしく生きていける力」を培えるようにと授業を進めているが，実態把握から目標設定，そして授業への流れが十分で

---

### 授業例　「こんな時どうしたらいいの？」（Gくん, Hさん）

| 相手の気持ちや立場を考えず思ったことを口に出す |  |  | 図書委員の時に，担当の教員から頼みごとをされて「えー」と嫌な顔で答える |
|---|---|---|---|
| すぐ怒りを面に出す | Gくん | Hさん | 人の間違いを許さない |

＜手立て＞
会社の上司から掃除当番を頼まれる場面を設定。「上司が間違えて掃除を頼んだ」と設定し，どう返答するかのロールプレイを行う。

＜目標＞
「えー」と思っても，一旦「わかりました」や「はい」と相手の話を受け止められるようになろう（クッション言葉を使えるように）。
自分の思いや考えを，相手を怒らせないように言えるようになろう。

**図5-1-1　通級による指導の授業例**

①Hさんの場合（ロールプレイH－1）

②Gさんの場合（ロールプレイG－1）

③（ロールプレイG－2）

④振り返り

⑤振り返り

⑥（ロールプレイG－3）

⑦振り返り

⑧（ロールプレイG－4）

図5-1-2　ロールプレイの実際

はなく，うまくいかないことが多い。しかし，通級による指導を受けた生徒から以下のような声を聞くことができた。

- 繰り返し練習することで，できるようになったことが増えた。
- 自分の長所はない，と思っていたが見つけることができた。
- 自分のやりたい仕事が見つかり，そこに就職できた。
- 学校生活でトラブルが起こった時に，解決方法を見つけることができた
- 自分の苦手なことをカバーする方法を見つけることができた。

しかし，課題も多く残っており，その中には，授業者である筆者自身の課題，学校全体で取り組まなければならない以下のような課題もある。

【授業における課題】
- 生徒が通級の授業でいい振る舞いができても，普段の生活で生かすことができないなど，般化が難しく，どうつなげていくかが課題である。
- 「挨拶，返事」「声の大きさ」「報告・連絡・相談」など社会に出たときに一番必要な力を身につけさせることが難しく，この指導プログラムの開発・工夫が課題である。
- 自分で苦手なところをカバーする力，自分の課題を解決しようとする力を十分高めるために，生徒自身が考える授業の展開を校正していくことが課題である。

【学校全体における課題】
- 通級による指導を受けていることを他の生徒に知られたくない生徒がいることから，通級の制度の理解啓発や，自分のことをオープンにできる安心できる学校づくりが今後の課題になっている。
- 特別支援教育について全教職員の理解を図るための理解啓発を進めていく必要がある。高等学校は教科担当制であり，自分の教科以外のことを理解してもらうための工夫が必要である。
- 「通級による指導」を誰でもできるような資料を作成していくことが課題で

ある。分かりやすく，見通しがもてるような資料や使いやすく生徒に合った教材・教具を用意しておくことが必要である。

　指導内容の検討，教科との連携，福祉・労働関係との連携等，他にも通級による指導における課題は山積みであるが，少しずつ課題解決へと向かうことができるよう，まずは何からすべきかと優先順位を考え取り組んでいる。
　特別な教育的ニーズをもつ生徒が増加する中，高等学校においても「困った生徒」ではなく「困っている生徒」と認識し，通常の学級の中で特別支援教育の視点での生徒理解や授業づくり等ができることをめざしていきたい。

## 【引用・参考文献】

青木隆一（2018）高校通級の実施準備及び充実のための方策の概要．月刊 特別支援教育研究 2018年6月号，pp.2-7．東洋館出版社
藤野博（編著）(2016) 発達障害のある子の社会性とコミュニケーションの支援．（柘植雅義（監修）ハンディシリーズ 発達障害支援・特別支援教育ナビ）金子書房
文部科学省（2019）特別支援学校学習指導要領解説：自立活動編（https://www.mext.go.jp/component/a_menu/education/micro_detail/__icsFiles/afieldfile/2019/02/04/1399950_5.pdf）
文部科学省（2019）障害に応じた通級による指導の手引：解説とQ&A．海文堂出版
鷗田圭子（2018）高等学校における特別支援教育の推進．月刊 特別支援教育研究 2018年6月号，pp.18-20．東洋館出版社

## 2 総合学科における通級による指導

副島勇夫

### 1 総合学科である本校の支援教育体制

　総合学科である本校は，1年次こそ普通科と変わらないが，2，3年次で，必修科目以外は自分の選択した科目を選ぶことができる。「自立支援コース」の生徒を含め，ニーズのある生徒に適した科目を選択できることは最大のメリットである。「通級」授業もそこに含まれ，自己開示の有無にかかわらず科目選択でき，前後期制でもあることから，半年で単位認定できる。生徒にとっても手ごたえがつかめ，有効であると考える。さらに「福祉」「手話」「点字」「障がい者スポーツ」といった科目があることも，生徒の理解を深める要因となっている。

　また，本校には30年以上にわたる支援教育の歴史がある。それは，大阪府独自の「自立支援コース」の設置という形で結実し，現在，府下11校で，知的障害のある生徒が，「共に学び共に育つ」という理念のもと高校生活を過ごしている。その前段階である取り組みが30年以上の昔から行われていた。その歴史の積み重ねにより，教員・生徒に，その空気が違和感ないものとして存在していることが，インクルーシブな教育環境の構築に寄与している。何も起こらないパラダイスではない。人間どうしの集合体である以上，様々な衝突，トラブルはある。しかし，根底に「インクルーシブな教育文化」があることの意義は大きい。

### 2 具体的な授業内容と授業形態について

　「自立活動」(本校では授業名「ライフスキルトレーニング」)は，教科書が1冊あれば良い授業ではない。自立活動6区分27項目の中から，個々の生徒のニー

ズに合った教材や活動を設定する。そのために，生徒のニーズ，強み，伸ばしたい力，苦手を丁寧に聞き取り，そこに合わせたプログラムを作成しなければならない。ニーズのある生徒はすべて入学時点から支援を続けているため，プログラム作成は適切な教材を発見し，それを参考にしてオリジナル教材を作成した。本人の特性の強弱にポイントを合わせることができ，様々な授業，行事，遠足や修学旅行を実践練習として活用することができた。以下は生徒Aの授業内容でポイントとした点と，その具体的な方法を紹介する。

A) 自己理解
　「自己肯定感が低かったAの長所・得意な点を自ら気づかせ，自己肯定感を高め，目標を持てるようになる」ことをポイントとした。
　まずは本人の自己理解，自己分析に時間をかけた。それが，すべてのプログラムの大前提であったからである。あらためてプログラムや目標を説明し，生徒・保護者共に納得のいくものであるか確認した。了解を得て，プログラムはスタートした。得意なもの，長所などないと頑なAAに対して，様々なアプローチを試みたが，結局，後述のアンケート結果の視覚化が決め手となり，自己肯定感が芽生えた。それは，その後の修学旅行での体験を通じて，Aにとって確信に変わっていった。個々人によって，情報の入り方は異なるが，Aにとって視覚化は有効であった。言葉がうまくイメージとして捉えられない，自信を持てと言っても確証がない。そのような生徒には数値化や視覚化等による情報は納得がいきやすいものと考えられた。

B) コミュニケーション
　「なぜ，コミュニケーションがうまくいかず，人間関係が作りにくいかを気づかせ，そこに重点を置いた実践練習を行うこと」をポイントとした。
　この点はAが特に苦手と捉えていた。その理由は会話が長続きせず，ノリが悪いと思われることにあった。まず，会話を続けるためにはどのようなテクニックが必要かということを練習した。指導のポイントは以下のとおりである。

【Point 1】YESかNOかで終わる質問をしない

　質問，返答で終わらず，そこから次の話題につなげていく。つまり，「好きな食べ物は何ですか」「ラーメンです」で終わらず，「私も好きなんです。何ラーメンが好きですか。私はとんこつです。」「あ，塩なんですね。」さらに上級編になると，「塩と言えば，どこのラーメン屋が好きですか？それはどこにありますか？」「そのあたりは行ったことがないのですが，近くには何がありますか？」などと，話題が広がり，最後には旅行の話，旅先での出来事の話に飛んでいった。質問に対する答えだけを求めるなら×である。しかし，日常の会話とはあちらこちらへ飛んでいくものだ。話題は広がり，相手の性格や好みもわかる。閉じられた質問（クローズド・クエスチョン）と開かれた質問（オープン・クエスチョン）の使い分けを実践することができた。

【Point 2】相手を不快にさせないためには，どうすればよいかを考える

　自分ばかりが話さない。感情的にならない。相手を見て，うなずきながら聞く。そして，相手を思いやりながら，きちんと自己主張もするアサーティブな話し方を心がける。ある時，アサーティブな話し方の練習を行っていた時，Aが「いつも，こんなへりくだったような言い方をしなければだめなんですか？自分が傷つけられた時でも。」と言った。過去の体験が思い出されたのであろう。これは良い兆候だと考えた。自尊心。誰もが対等である限り，アサーティブがすべてではない。会話の入り口やマナーとしてのアサーティブな話法の重要性と自身の思いを正しく表明することの大切さを再確認した。この発言はAの自尊心の高まりの表れと感じられた。

C) 感情のコントロール

　Aはうまくいかないと苛立った。そこで，認知を変え，別視点で捉え直すことで，負の感情をコントロールする練習を行った。中学校でのからかわれた体験もあり，不信感や憤りがAの特性を膨らませていったと考えられる。自分は軽視されているという憤りもあり，コミュニケーションがうまくとれないと，自分が認められていないという発想に結びついていた。様々な実体験を例に，なぜ，そのように感じたのかということ，そして，他の理由は考えられないかと

いうことを繰り返し問いかけていった。

　Aが他者に話しかけても無視されたとき，不快と思う前に，まず立ち止まって考えてみる。無視された状況を自分目線でとらえず，相手に何かあったのではないかと捉え，一度冷静になって認知を変えてみる。そこで，無視の対応が続くのか，一時的なものかを見極める。こうした状況の捉え方を変えることで感情のコントロールができるようになってきた。

### D) 計画性，時間の有効利用，優先順位

　どの優先順位が高く，どのくらい時間をかけるのが自分にとって必要か，実例で具体的に考えることを提案した。この指導が最も難しく，先を見越しながら，現状把握，何を今なすべきか，優先課題は何かを考える練習である。できることから始めることも大切であるが，締め切りが早いもの，時間のかかるものから始めることも必要である。そのような優先順位の付け方を一緒に考えていった。手帳などに書くこと，言葉に出して確認することも効果的であった。

　最も有効であったのが進路決定の実践であった。学校斡旋就職試験を受けることになり，9月半ばの試験日から逆算し，いつ何をするべきかということを付箋に書きならべ，A3用紙に貼っていった。求人票を見る時期，面接練習，企業見学，そこを軸に夏休みの宿題はここまでに仕上げる等，付箋を張り替えては考えなおし，7月から9月の就職試験までの流れを図式化した。視覚的に整理され，互いに，いつ何をすべきかが理解でき，計画を立てるということが実感できた。逆算で考える，優先順位を入れ替え，行動することもできるようになっていった。

### E) 運動，バランス感覚，巧緻性

　運動面や手先の巧緻性に苦手意識があったため，1対1で時間をかけ説明・実行し，それを繰り返すこと，必要なグッズを使うことも工夫した。

　Aは柔道経験者であるが，球技が苦手で小学校より辛い経験をしてきた。主に球技で，チームに迷惑をかけ，怒られるという体験で一層苦手意識が高まっていた。体育だけでは指導の時間は限られる。その点で，「自立活動」の指導として身体のバランス，使い方，手先の巧緻性の向上などを設定した。バランス

ボール，ヨガやストレッチも効果的であった。バレーボールは手だけで受けていたものを，膝や腰からやわらかく使い，相手方向に押し出すようにアンダーで返す練習をバレー部顧問の協力のもとに取り組んだ。2時間集中することで，一気に上達した種目も多い。これも体育での自信につながった。

　新聞束をひもで縛る，紙を手でちぎる，折り紙などでは苦戦した。服のボタンの留め方，靴紐の結び方など，生活に結びついた内容も取り組んだ。また，作業療法士の方の協力で「100均商品でできる支援グッズ」という取り組みも効果的であった。シャーペンにはめることで強い筆圧を緩和するゴム，目と脳の関係を円滑にする「おもちゃのヘリコプター様の竹とんぼを目で追う」などである。また，左と右方向での見え方の違いや集中しすぎるあまり力が入る点の緩和など，専門家ならではの実践ができて効果的であった。

　授業形態は50分授業×2コマである。週に2回あり，計4時間。双方にとって，苦痛の時間とならないように集中と緩和を心がけ，20分を集中の目安とし，成果を得た（授業形態の詳細は次頁の表5-2-1を参照）。

## 3　通級による授業の成果── 生徒Aの場合

　前述の授業内容により，Aの指導に大きな成果がみられた。当初の想定を上回るものであり，某新聞社からの取材に対して，Aは「同じような障害のある人に希望をもってもらえたら」という趣旨の発言をしている。

　Aにとって意義深かったことは，プログラム当初の支援の中で，長所を認識し，自己肯定感が高まったことだ。本人は「自分にできることだから他の誰でもできる」と自身の価値を認めなかった。それが通級初期に行ったアンケートとそこからのレーダーチャートでの結果表示，視覚化で納得できたのである。

　標準を超えていた結果が，「責任感が強い」「世話好きだ」「継続できる」，そして「自分の長所に気づいていない」であった。Aの反応は，「では，これを自分の長所と思っていいんですね」というものであった。Aの意欲が向上した。その後，修学旅行での民泊体験時のコミュニケーション対策練習なども行い，沖縄修学旅行での農業体験の際，グループ内で最も熱心に取り組み，現地のおじいから，「兄ちゃん，うちに残っていけ。」と言っていただいた。グループワー

**表5-2-1　授業形態**

| 1限目 | |
|---|---|
| 約10分 | 前回からその日までの振り返り（できたこと困ったこと<br>本時の目標と意義等の説明 |
| 5～10分 | リラックスタイム　得意なこと，運動，会話 |
| 約20分 | 主たる取り組み |
| **2限目** | |
| 約20分 | 1限目の再確認の後，主たる取り組みの続き<br>または，主たる取り組み② |
| 5～10分 | リラックスタイム |
| 20分 | 主たる取り組みの続きまたは今回の振り返り，気づいたこと，実感したこと，今後，<br>どのようなことに取り組みたいか。 |

クでも進行役を買って出た。明らかに行動面に変化が現れた。

　入学当初は，所持済みの手帳を使って就労を考えていたが，学校斡旋就職にチャレンジしたいという希望を持つようになり，学校の就職希望者グループに入った。結果，合格を頂いた。手帳での就労を否定するものではないが，Aが自分の可能性を高めたい，自己肯定感，自己有用感を持ったことは大きな成果であると考える。

# 4 通級授業の課題

## （1）校内体制

　自立活動の知識と経験を持つ教員が存在することが第一である。手探りで始めた通級であるが，専門家のアドバイスや外部連携によって何とかやりくりしてきた。しかし，校内でのニーズが増えた場合や，他校通級が始まり，面識のない生徒どうしの相性や授業時間設定，実施校側の教員の数で対応できるか等の問題がある。教員の構成が変わっても，実施校には持続可能な体制が必要と

なる。そのためには，スペシャリストの配置も重要だが，校内に「多くの教員が担当できる通級システム」を構築する必要がある。本校では2019年度に通級体制のリニューアルを行い，各教科から通級授業担当教員を選び，共通理解を持ちながら授業を行っている。

### (2) プログラム作成と実践内容

　当然，個々のニーズは異なることから，プログラムが，全ての生徒に該当することはない。その後に入級したCは，Aのプログラムを半分の期間で終了したが，Aとは異なる苦手分野を持っていた。またDは，Aが1か月でクリアした「自己理解」がなかなか難題であったが，巧緻性では抜群の器用さを示した。個々に応じたプログラムが必要となり，その点でアセスメントと教材研究が重要である。これは，かなりの時間を必要とする。各校の環境の違いも影響し，他校教員の支援体制や理解も重要である。そのためにも，自立活動やインクルーシブ教育に理解のあるチームが必要であるが，1つの学校の校内人員配置レベルでは解決しない大きな課題であろう。

## 5 おわりに

　先行実施校としての本校の例を記してきたが，受講に際して，総合学科の授業選択制度は，実に効果的であった。クラスからの抽出に対する抵抗感は大きい。その点で，授業選択制度，半期単位での単位認定は，この制度にかなった学校形態であると考えられる。

# 第6章

# 私立高等学校における特別支援教育の推進

## 1 私立高等学校における特別支援教育の実践
—— 生徒たちの個性と特性を活かす教育実践の模索

濵本秀伸

## 1 はじめに

　本校は今年で創立62年となる私立の高等学校である。2003年に単位制を導入し，現在は全日制単位制普通科として日々の教育に取り組んでいる。2期制（前期・後期）となっており，各学年の生徒数は約150名，教職員数は事務職等含め62名である。そして各学級とも30名未満の編成とすることで，より手厚い支援・指導を行えるようにしている。また本校に在籍する生徒たちの約7割は，小学校もしくは中学校時代に不登校経験があり，発達障がいのある，もしくはその疑いのある生徒も在籍している。

　次に単位制を導入した目的であるが，それまで本校では年度終了時での退学者が比較的多いという現状があった。単位制とすることで，取得した単位を卒業まで活かすことができる。また不登校傾向の生徒でも，芸術や家庭科など自分の得意とする分野や科目を単位につなげることができるようにしている。生徒にとって単位数が0単位か少しでも単位があるかは，それだけでも大きな自信を持つ契機となっている。

　最終的に77単位（74単位＋本校規定の3単位・半期ごとの単位認定制度）以上を修得することが卒業要件となるが，単位制なので留年はなく，自分のペース

で少しずつでも単位を積み重ねていくことができるようにしている。よって本校では必ずしも3年間での卒業にはこだわっておらず，在籍生徒の約3割は4年以上かけて卒業していく。

本校の根幹となる理念として「できないことを嘆くより，できていることを認めていこう」という想いを全教職員で共有している。なぜなら生徒たちがこれまでの人生の中で，否定感・劣等感を強く感じつつ本校に辿り着いており，自己否定感を少しでも自己有用感に変えて今後の人生を歩んで欲しいという想いからである。本校ではこれを自己有用感と単位数の積み重ねをかけ合わせて「パイルアップ」という言葉で表現し，キャッチフレーズとしている。

## 2 サポート学級と学校外教室

### (1) サポート学級

入学後約9割の生徒たちは，半日や数日おきなど形は様々であるが自分のペースで登校している。ただ入学後も登校できない生徒の支援に加え，大人数が極度に苦手であったり，人間関係の構築が不得手であったり，家庭や周囲の環境での状況から判断して，より複数の教員による支援が必要であったりなどといった場合もある。本校ではこうした生徒たちに対する支援体制をとるため，1996年よりサポート学級（開設時は適応指導学級）を設置している。名称についてはその後2005年に特別支援学級，2007年にサポート学級と名称を改め現在に至る。

学級担任を2名配置し，職員室もサポート学級の隣に併設しており，サポート学級所属の生徒たちがいつでも相談に行きやすいよう配慮している。授業はサポート学級の時間割で独立して行っており，サポート学級に関する教務内規の規定に基づいて単位認定をしている。所属に関しては学年問わず，支援の必要性に応じて在籍を認めている。そのため各学年が混ざる「縦割り学級」となっており，担任だけでなく生徒どうしの助け合いの雰囲気も自然と培われている。目標は普通学級で活動できるようになることであり，そのための0.5段的な居場所となっている。サポート学級では生徒たちがいつでも次の一歩を歩み出せるよう，安心して学校生活を過ごすことのできる居場所作りに重点を置いている。

## （2）学校外教室

　学校に直接登校することは困難であるが，家の近くの公民館や施設であれば足を運ぶことのできる生徒たちも存在する。本校では1996年のサポート学級開設時より同時並行で，こうした施設を利用して学校外教室を開設している。毎週火曜日〜木曜日の17：30から19：00まで2名の教員で学校外教室に赴き，授業を行っている。サポート学級所属の生徒は，この学校外教室に授業参加することにより，開設教科の単位認定につなげることができる。時には保護者同伴で訪れるケースもあり，授業と同時に教育相談の場としても活用されている。現在は表6-1-1の5つの会場にて実施している。

　この場所を通して少しでも外に出るきっかけとなることや，本校の教職員と接する機会をつくり，会話を増やしつつ学校に対する抵抗感を和らげることもできる。学校外教室への参加が自信となって登校につながることを1つの目的としている。またそれぞれの地域で不登校の状況にある中学生が利用して，次の段階へ進むきっかけをつかむ場所ともなっている。このように学校外教室は，いわば学校に登校するための0.5段的な役割を果たしている。

## 3　デュアルシステムに基づくカリキュラム編成

　本校の卒業生のうち約半数は就職を希望しており，2〜3割は大学・専門学校などへ進学する。そのため2年次より3つのコース選択に基づいた教育課程を編成している。その中でも大きな柱がデュアルシステムコース（就職希望者向け）である。労働することの喜びや困難さを体験の中から感じ取り，同時に必要となる基礎学力を身につけることをこのコースの目的としている。特に国語・数学・英語は習熟度別の授業を実施し，卒業後に現在の社会環境で少しでも生きやすくなるための学力徹底を図っている。また最も基礎的な教室の授業はTT（ティームティーチング）を導入しており，受講者もできるだけ少人数にすることで，より手厚い支援ができる体制としている。そして2週間の長期職場体験実習を地元の協力企業の支援の下，年に1回実施している。充実感や失敗などを含めて，働くことをより深く実感してもらうことができる。また中学校時代まで

表6-1-1　学校外教室の一覧

| 曜日 | 教室名 | 場所 | 地域 |
|------|--------|------|------|
| 火曜日 | 粕屋教室<br>西教室 | サンレイク粕屋<br>劇団風の子九州事務所 | 糟屋郡粕屋町<br>福岡市西区 |
| 水曜日 | 水曜教室 | 本校サポート教室 | 福岡市東区 |
| 木曜日 | 古賀教室<br>白木原教室 | 古賀市中央公民館<br>白木原公民館 | 古賀市<br>大野城市 |

の不登校の経験などから，コミュニケーションを苦手とする生徒たちが多いため，他者と接する機会を増やして不安感を克服することもできる。そしてより多くの方に本校の生徒たちの素晴らしさを知っていただく良い機会と捉えている。さらにこの実習の前段階として，毎週金曜日の午前中4時間を利用して地域の協力を得ながら，11種の職業班に分かれて体験授業を開講している。これらの取り組みは本校卒業後に生じる，高校生活と社会環境のギャップを埋めるための一助ともなっている。

　大学などへ進学希望の生徒もいることから，文系・理系コースも設けており，ここでは進学に向けた授業を展開している。様々な事情からこれまで学習する機会に恵まれず，高校生活を通して学ぶことに興味関心を抱く生徒たちもいる。そしてこれまで考えていなかった，進学という選択をする場合もある。また長期職場体験実習について，2年次ではコース選択に関わらず，全員実施することにしている。

## 4 習熟度別授業と学習支援

### (1) 習熟度別授業について

　生徒たちの入学時点における学習到達段階は，本校の場合特に大きな差がある。授業の手法として様々な形があるが，本校ではどのような到達段階からでも対応できるように，1年生では3科目（国語・数学・英語）について3つの段階に分けた授業を実施している。前述のように2年生以降もデュアルシステムコー

スについては引き続き習熟度別授業としている。さらに2年生以降は，より細かく4つの段階に分けている。生徒たちが現段階で身につけるべき内容を的確に学習できるようにしている。

## （2）学習支援教室

ただし，中には最も基礎的な教室の学習も困難な生徒がいる。この教室では常に教職員が2名体制で授業を行っているが，さらにほぼ個別の支援が，この生徒たちには必要となる。そこで普通授業とは別に学習支援教室を設け，さらに手厚い授業を行っている。対象の生徒はその教科の時間に学習支援教室に移動し，専属の教職員と一緒にその教科のより基礎的な内容をさらに時間をかけて取り組んでいく。このように生徒の実態に応じて，授業を展開するための工夫と模索を続けている。

## 5 支援と指導の在り方

### （1）生徒指導部と生徒理解部の連携

本校は不登校の経験から人間関係の構築を不得手として入学してくる場合が多い。したがって関係をつくり上げていく過程において，様々な生徒指導事案も発生する。また学校外における種々の事案も毎年発生していることが現実である。本校の生徒指導は行った行為をありのまま受け入れ，その上でダメなものはダメであると明確に理解させること，そしてなぜダメなのかを根気強く浸透させていくことを重要視している。

さらに教員側の認識として，こうした事案がもちろん起こらないことが望ましいが，起きた事案を決してネガティブに受け取らないようにしている。問題の発生は成長のチャンスであり，そもそも事案が起こらなければ，その生徒たちの抱える課題が何であるかに気付くことのできない場合もある。こうした理由から本校では生徒指導事案を前向きに捉えて指導を展開している。

また，どうしてその問題行動に至ったのか，事象に対する理解力はどの程度なのかという背景を，その生徒の置かれている家庭環境や成育歴などから分析

することも同時に行う。この観点の分析と支援を検討するのが本校独自に設置
している生徒理解部で，指導を行いつつ背景を理解した上での支援を，それぞ
れの立場から連携して行っている。また生徒理解部にはスクールカウンセラー
(SC)，スクールソーシャルワーカー (SSW) のスタッフも所属しており，場合
に応じてカウンセリングの実施や，学校内だけで解決できない事案は外部機関
とつなげるなどの対応も行っている。同じ事案を2度と繰り返さないことを願い，
学校の体制としてできる限りのことを，指導と支援の両面から実践している。

## （2）SCとの連携

　近年は生徒指導事案に限らず家庭環境や経済面などが起因する，学校教育の
範疇を超えた様々な事案が発生している。こうした現状を鑑みて本校ではSC
が正規の職員として勤務している。1日7回のカウンセリングを予約制としてお
り，生徒のみならず保護者や教職員のケアにも携わっている。予約は1週間ほぼ
埋まっており，特に本校においてはSCの重要性がこの状況からも認識するこ
とができる。また，専門機関との連携が必要な家庭のケース会議や，経済面や
家庭環境などで行政の支援を要する場合の交渉など多岐にわたって活動してい
る。

　学校だけで抱え込まず，必要な支援は専門機関の力を借りて協力していくこ
とが重要であると考えている。したがって本校は関係諸機関との連携を積極的
に図り，そのハブ役としての学校の存在意義を重要視している。

## 6　就労支援と地域連携

　本校では毎年卒業予定者のおよそ6割が就職を目指している。インターンシッ
プや長期職場体験を通して，少しずつ社会環境を実感できるようにはなってい
る。しかし卒業後すぐに就職するというハードルが高すぎる生徒たちも多数存
在している。そこで本校ではこうした層の支援を目的として，NPO法人「パイ
ルアップ」を学校組織とは独立して設立し，A型の就労支援を実施している。現
在は学校内のカフェ運営と清掃作業を中心に活動しており，就職が未決定の卒
業生たちが社会に出るための準備を少しずつ進めている。この取り組みの根底

にある理念は学校外教室と同様で，就職前の0.5段を設けることが卒業生の安心感につながり，次の進路をゆっくりと考える時間と居場所を持つことができる。卒業後就職を希望する生徒にとっては，本校が社会に向けての最後の砦となる。よって卒業後も社会環境との関係を保つための様々な模索は大きな課題であると考えている。

　また地域連携の在り方も就労支援と関連して重要視している。本校では現在「おたがいさまコミュニティ会議」と称して，地域の方々（町内会長・公民館長・社会福祉協議会など）と本校職員，及び体験授業における班長の生徒たちが集まり月1回の会議を開催している。毎週金曜日に実施している体験授業では地域の方々に外部講師として参加して頂いており，その活動報告や各職業班の連携などが議題の中心となっている。本校を取り巻く地域では高齢化が進んでおり，生徒たちの若いエネルギーを少しでも地域の活性化に結びつけることが地域の方々の願いである。また教育的に生徒たちが日頃交流する大人が教員だけでないことも，人それぞれの生き方やコミュニケーションの取り方を学ぶ上で効果が大きい。地域と学校お互いにとってメリットがあることから，この会議の名称で活動を続けている。

## 7 おわりに

　本校は普通科であり，元々は決して特別支援教育に特化した学校ではない。むしろ在籍する生徒たちの実情と必要な教育の在り方を模索する中で，結果的に特別支援的要素に近いものとなっているのが現実である。共感的理解から得られる生徒との信頼関係構築を図るとき，特別支援教育の視点は欠かせない。しかし特別支援の知識は重要であると考える反面，教育実践上マニュアルでは語れない要素は多々ある。

　最後に本校の特別支援教育は誰かが際立って特別ではなく，一人ひとり全ての生徒がそれぞれに特別な存在であると捉えている。「一人の子を粗末にするとき教育はその光を失う」という本校創設者の言葉を教育理念の根底に据えて，今後も生徒たちの個性に寄り添った教育活動を展開していきたい。

## 2 高等専修学校の特色を活かした 特別支援教育の実践

清岡奈津子

## 1 はじめに —— 本校の概要

　学校教育法第124条によって規定されている『専修学校』の中で，『高等課程』を設置している学校が『高等専修学校』である。中学校若しくはこれに準ずる学校を卒業した者を対象とし，職業若しくは実際生活に必要な能力を育成し，又は教養の向上を図ることを教育の目的としている。高等学校の学習指導要領によらない独自の教育課程を編成できることが特色である。

　2001年に東朋高等専修学校が設立され，高等学校の卒業資格を取得することが可能な学科が設置された。その後，軽度知的障がいや発達障がいのある生徒が増加し，生徒の実態に応じたきめ細かな教育内容やサポート体制を整えていく必要性が生じてきた。このことから，2007年に個々の生徒の教育的ニーズをふまえた特別支援教育を実践する『総合教育学科』が新たに設置されることになった。2020年から『総合教育学科』は，高等学校の卒業資格を取得することができる『高卒資格コース』と，専修学校の特色を活かした教育課程による『高卒専修コース』の2コース制となった。

　現在，本校には2つの学科があり，『普通科』では1クラス30名，『総合教育学科』では両コースとも1クラス10名を基準として学級編成がなされている。その基礎集団の教室環境で学ぶことが難しい生徒については，"ほほえみクラス"等の少人数での学びの環境を設置し，個別的な対応も行っている。

　本稿では，『総合教育学科 [高等専修コース]』の実践について紹介する。

## 2 総合教育学科［高等専修コース］の取り組み

### （1）教育課程と授業形態

　総合教育学科［高等専修コース］の教育課程は，表6-2-1に示した通りである。

　国語・社会等の教科学習の授業は，『習熟度別クラス』で実施し，生徒の能力やペースに合わせた学びができるようにしている。また，美術・習字・家庭・作業実習等の実技をともなう授業は，『進路希望別クラス』で実施し，それぞれのニーズに応じた学習課題や内容を学ぶことができるようにしている。

### （2）授業における取り組み（1年生『家庭（調理）』）

　総合教育学科［高等専修コース］設立当初から，「自立に向けての第一歩」として，全学年週あたり3時間『調理』の授業を行っている。2018年度，筆者が担当した1年生の授業では，表6-2-2（p.88）に示した目標と内容を設定した。

　授業を進めるにあたっては，生徒・保護者のニーズに基づいて作成する『個別のサポート計画』をふまえて，各教科における『個別の指導計画』を作成し，授業を通してつけたい力（目標）と目標達成に必要な学習内容を設定している。

　日常生活の中で情緒が安定せず，教員からの働きかけを受け入れることが難しかったＡくんは，1学期当初『米をといで炊飯器に入れる』という作業以外に取り組むことができなかった。

　そこで，『参加することができる活動を増やす』ということを目標として設定し，本人がやろうとしていること・できている状況を教員が肯定的に受け止め，「ここをこうしたらもっと良くなる」というヒントを伝えるようにしていった。その関わりを通して，『自分の存在が認められている』という安心感が得られたようで，2学期の中頃からは，「前に包丁でケガをしたことがあるから怖い」「計量スプーンを見たことがないから使い方がわからない」等，不安に感じていることや困っていることを教員に伝える姿がみられるようになってきた。そこで，教員が見本を見せたり，最後の仕上げを本人に任せたりすることを繰り返していくと，徐々に「〜をしてみたいから教えてほしい」と伝える等，自分から新たなことに挑戦しようとする態度がみられるようになってきた。3学期に入ってか

表6-2-1　総合教育学科［高等専修コース］の教育課程

| 教科・科目 | 1年 | 2年 | 3年 | 教科・科目 | 1年 | 2年 | 3年 |
|---|---|---|---|---|---|---|---|
| 国語 | 2 | 2 | 2 | 情報 | 3 | 3 | 4 |
| 社会 | 1 | 1 | | 商業 | 2 | 2 | 1 |
| 数学 | 2 | 2 | 2 | ものづくり実習 | 2 | 2 | 2 |
| 理科 | 1 | 1 | | 作業実習 | 2 | 2 | 2 |
| 体育 | 2 | 2 | 2 | フリースタディー | 1 | 1 | 1 |
| 保健 | | | 1 | 進路学習 | | | 2 |
| 美術 | 2 | 2 | | 時事 | | | 2 |
| 習字 | 1 | 1 | | エンジョイコース | 2 | 2 | 2 |
| 英語 | 1 | 1 | | ソーシャルスキル | 1 | 1 | 1 |
| 家庭（調理） | 3 | 3 | 3 | HR | 2 | 2 | 2 |
| 家庭（生活） | 1 | 1 | 1 | 合計単位数 | 30 | 30 | 30 |

らは『使った道具の汚れをふきんで拭く』『一定の大きさに肉を切る』等，一人でできる作業が増えてきた。

### （3）学校行事における取り組み

　学校内外での行事を年間で20回程度実施していることも，総合教育学科［高等専修コース］の特長の1つである。本学科に入学してくる生徒の中には，集団での活動ペースについていくことが難しく，学校行事への参加経験が乏しい生徒も多い。また，家族以外の人と外出する機会が少なかったり，通学方法以外の公共交通機関を利用することに不安を抱いていたりする生徒もいる。これらのことから，行事を計画するときには，生徒が活動の内容や方法等を自己選択・自己決定できる場面を設けて，活動への意欲を引き出すような働きかけをしている。

　生徒たちは様々な行事を通して，『自分のことを自分で決める』『公共の場でのマナーを学ぶ』『初めてのことに挑戦する』『グループで相談しながら計画を立てて行動する』といった社会参加に必要な力を身につけていく。生徒の実態に応じたきめ細やかな配慮をしていきながら，参加しやすい状況を設定し，生徒が『集団の一員として活動に参加できた』という体験を得られることが，行事を実

**表6-2-2　1年生『家庭（調理）』の年間計画**

| 年間目標 | | 調理器具の扱い方がわかり，安全や衛生に気をつけて操作ができる。<br>自分の役割を意識し，友達と協力して調理に参加することができる。 |
|---|---|---|
| 一学期 | 目標 | ①イラストを見て，調理道具を持ってくることができる。<br>②自分のやりたい作業を選ぶことができる。 |
| | 内容 | 軽食…簡単な手順で調理できるものを作る（ホットドッグ等）。<br>和食…ごはん・みそ汁・おかずの3品をつくる。 |
| 二学期 | 目標 | ①計量スプーンを使って，調味料の計量が正確にできる。<br>②レシピを見て，作業内容を理解することができる。 |
| | 内容 | 中華…ごはん・スープ・おかずの3品をつくる。<br>お菓子…『どら焼き』の皮を手づくりする。 |
| 三学期 | 目標 | ①大きさをそろえて材料を切ることができる。<br>②状況に応じて，質問や報告ができる。 |
| | 内容 | 和食…ごはん・具だくさんみそ汁・おかずをつくる。<br>リクエストメニュー…『餃子』のあんをつくって包む。 |

施する意義としては大きい。

## （4）進路指導の取り組み

　総合教育学科［高等専修コース］に在籍している生徒の多くは，卒業後すぐに就職をめざすのではなく，「自分の力に合った学習をしたい」「新しい人間関係を作りたい」「楽しく学校に通いたい」等，今の生活を充実させたいという希望をもって入学してくる。それらの生徒に対しての進路指導としては，①『挨拶をする』『質問や報告をする』『お礼を言う』『ヘルプを出す』といったコミュニケーションスキルを高めること，②進路見学会や現場実習（インターンシップ）通し

て多様な働き方や場について体験を通して知ること，を中心に取り組みをすすめている。

　卒業生の進路状況について，図6-2-1に円グラフの形で示した。年度によって多少の差はみられるが，卒業生の半数以上が職業訓練校や就労移行支援事業所に進んでいる。

## 3 おわりに

　本校には，それまでの生活の中で「わからない」「できない」という失敗経験を重ね，学習や活動への意欲を持ちにくい状況になっている生徒が多く在籍している。その生徒たちが，3年間の学校生活を通して，「わかる」「できる」という体験を得ることで自己肯定感を高め，自分の持っている能力を学校という社会の中で発揮することができるようになってくる。自分のことを肯定的に受け止め，将来の夢や希望に目を向けることができるようになってきた生徒は，卒業後の場で新たな学びを重ねて就労し，社会の一員としての役割を果たすことができるようになっている。

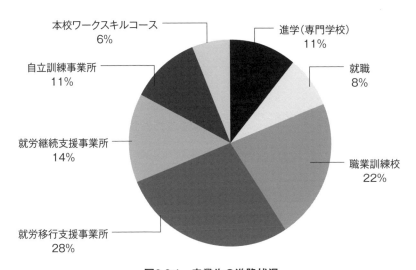

**図6-2-1　卒業生の進路状況**

このような卒業生の姿からも，高等学校と特別支援学校高等部の間のような位置づけで，独自の教育課程を編成することができる高等専修学校の特色を活かしていきながら，今後も個々のニーズに応じた教育の充実を図っていきたい。

**【引用・参考文献】**

太田功二 (2019)「困っている」子どものこと一番に考えられますか？［改訂版］．学びリンク

# 第7章

# 高等学校と特別支援学校の連携
—— 大阪府における「共生推進教室」(分教室)の教育実践より

長谷川陽一

## 1 はじめに

　高等学校における通級指導教室の設置を例にあげるまでもなく，高等学校に学ぶ障害のある生徒への指導・支援の必要性は高まるばかりである。高等学校と特別支援学校の連携についても，特別支援学校のセンター的機能の枠組みに留まることなく，高等学校と特別支援学校のより多面的で柔軟な相互連携が求められる状況となっている。

　本章では，「障害者の権利に関する条約」にあるインクルーシブ教育システムの高等学校における先駆的なモデルとも言える大阪府の「共生推進教室（特支援学校分教室）」の仕組みや教育実践等を紹介し，高等学校と特別支援学校の連携による相乗効果の観点から，高等学校における特別支援教育充実へのアプローチを読者の皆さんとともに考えてみたい。

## 2 大阪府の「ともに学び，ともに育つ」教育の推進

　大阪府では，これまで，すべての幼児児童生徒が「ともに学び，ともに育つ」教育を基本とし，一人ひとりの教育的ニーズや障害の状況に応じた教育を進めてきた。このことを背景に，高等学校における知的障害のある生徒の学びの充実に向けて，平成13年4月から5年間にわたる「知的障害のある生徒の高等学校受入れに係る調査研究（以下，「調査研究」という）」が行われた。

　この研究成果をふまえ，平成18年4月には，知的障害のある生徒が高等学校で学ぶ取り組みとして，「知的障がい生徒自立支援コース（以下，「自立支援コース」と言う）」が全国に先駆けて制度化された。

併せて，「調査研究の趣旨を活かした取組み」として，同年4月開校の知的障害のある生徒を対象とする大阪府立たまがわ高等支援学校（職業に関する学科を設置する高等支援学校）の分教室にあたる「共生推進教室」が府立枚岡樟風高等学校に設置され，両校が「共生推進モデル校」として指定された。

　いずれも，「障害者の権利に関する条約」にあるインクルーシブ教育システム構築の先駆的なモデルとも言えるが，ここでは，特別支援学校の高等学校内に設置された分教室にあたる「共生推進教室」の教育実践を紹介するとともに，その成果や今後に向けた課題等を検証していきたい。

　本章を読まれた読者の皆さんが，高等学校と特別支援学校の連携により，お互いの教育活動にもたらされる教育的効果を実感いただき，各校における特別支援教育推進の方策や具体的取り組みにつながる機会となればと考えている。

## 3 共生推進教室（高等学校内設置の分教室）の概要

　モデル実施から14年を経て，現在では，新たに職業学科を設置する大阪府立高等支援学校4校（以下，「本校」）が開校し，それぞれ2校の大阪府立高等学校（以下，「設置校」）に「共生推進教室」が設置されている（表7-1）。

　自立支援コースの生徒は，高等学校に設置するコースであることから高等学校の学籍であり高等学校の教育課程で学ぶのに対して，共生推進教室の生徒は，特別支援学校の分教室となることから，特別支援学校の学籍であり特別支援学校高等部の学習指導要領に則って編成された教育課程で学ぶこととなる。このことにより，生徒一人ひとり状況に応じた高等学校にはない柔軟な教育課程を編成することが可能となった。

　また，自立支援コースの生徒は，高等学校長から卒業証書を授与されるのに対して，共生推進教室の生徒は，本校となる特別支援学校長から授与される「卒業証書」と併せて設置校の学校長から「修学証書」が授与される。

　募集人員は1学年3人から4人（各校で異なる）となり，入学者選抜は設置校で実施される。調査書，推薦書，自己申告書に基づく面接を資料として総合的評価をもって合否判定が行われる。

**表7-1 高等支援学校高等学校（本校）と「共生推進教室」が設置されている高等学校（設置校）**

| 特別支援学校（本校） | 高等学校（設置校） | |
|---|---|---|
| たまがわ高等支援学校 | 金剛高等学校 | 枚岡樟風高等学校 |
| とりかい高等支援学校 | 北摂つばさ高等学校 | 千里青雲高等学校 |
| すながわ高等支援学校 | 信太高等学校 | 久米田高等学校 |
| むらの高等支援学校 | 緑風冠高等学校 | 芦間高等学校 |
| なにわ高等支援学校 | 今宮高等学校 | 東住吉高等学校 |

（令和2年4月現在）

## 4 共生推進教室の教育実践

### （1）設置校（高等学校）における学び

　共生推進教室の生徒の学びの場の主体は設置校であり，各校では，生徒同士が互いの違いや良さを認め合い，高め合うことを大切にして，日常の教育活動を進めている。

　生徒は，他の生徒と同様に，設置校の制服を着用して登校し，クラスの一員として授業，学級活動，学校行事等に参加している。部活動でも設置校の部活動に所属し，大阪府で行われる運動部の公式戦や文化部での発表の場では，設置校の生徒として参加することが可能となっている。

　週の内4日は設置校で，週1日は本校で学習している。週に4日の設置校の授業では，「クラスでの授業」，「共生推進教室の生徒対象となる小集団の授業」，「個別の授業」を組み合わせて行われる。クラス授業ではチィームティーチングの形となることも多い。これに週1日の本校での職業に関する教科の学習が加わることになる（表7-2）。

　いずれも生徒一人ひとりの状況をふまえて，授業形態を決めていくことから，各校においては，学校生活の基盤となる教育課程や時間割の編成等にとても多くの時間を費やしている。年々そのノウハウが蓄積されている状況にはあるが，新入生の入学に伴い，一人ひとりの状況をふまえた教育課程や時間割の編成等のきめ細やかな検討が毎年求められることとなる。

表7-2　共生推進教室1年生の教育課程の例

| 国語総合 | 現代社会 | 化学基礎 | 体育 | 保健 | 家庭基礎 | 芸術Ⅰ | 総合的な学習 | LHR | 国語総合 | 現代社会 | 化学基礎 | 共生数学 | 共生英語 | 自立活動 | 職業専門教科（基礎） |
|---|---|---|---|---|---|---|---|---|---|---|---|---|---|---|---|
| クラスでの授業 | | | | | | | | | 小集団・個別での授業 | | | | | | 本校での授業 |

参考：「知的障がい生徒自立支援コース・共生推進教室の取組みの充実に向けて」
（平成29年3月　大阪府教育庁）

　また，授業内容においても，生徒一人ひとりの状況に応じた工夫や改善が必要であり，個別性と集団性のバランスを適切に配慮した授業内容や進行が求められることになる。とりわけ，クラスでの授業では，「ユニバーサルデザイン」の観点が求められ，各校における教室環境の整備，授業の構造化，視覚化，説明の方法，教材，教具の工夫など，「わかる授業づくり」へのアプローチ等もおのずと広がりを見せることとなる。これらのノウハウの蓄積は設置校に留まらず，他校への発信にもつながりつつある。

## （2）本校における学び

　制度化から4年目の平成21年度から，週の内1日を本校における職業に関する教科の学習にあてることになった（表7-3）。これは，共生推進教室の特色づくりとして，本校のノウハウを積極的に活用することにより，共生推進教室の生徒の就労支援プログラムを教育課程に積極的に位置付けたものである。また，本校での学習に加えて，両校連携のもと1年次から職場実習を実施している。

　結果的には，これらの取り組みにより両校教員の日常的な連携が緊密なものとなり，両校による生徒のアセスメントの機会拡大はもとより，個別の教育支援計画等の活用や関係機関との連携による職場実習の充実等にもつながることとなった。本校の教員が設置校を訪問することで，特別支援学校の教員が高等

表7-3 本校における職業に関する教科の学習

| | 1年 | 2年 | 3年 | 備考 |
|---|---|---|---|---|
| 1 | 自立活動 | 清掃販売 | 清掃販売 | ①1年時は，通学（公共交通機関の利用を含む）や本校での学校生活・人間関係に慣れることが「自立活動」の主な目標 |
| 2 | | | | |
| 3 | 販売 | 職業実践流通 | 職業実践園芸 | ②2・3年の「清掃販売」は，学年ごとに実施（隔週展開） |
| 4 | | | | *昼休みは，本校生徒と昼食交流 |
| 5 | 清掃 | 職業実践産基 | 職業実践福祉 | （年間を通じて交流行事を計画実施） |
| 6 | | | | |

*「知的障がい生徒自立支援コース・共生推進教室の取組みの充実に向けて（平成29年3月　大阪府教育庁）」より一部抜粋

学校の教育活動を体感し，高等学校における学習指導の状況や集団づくりなどを学ぶ貴重な機会ともなった。

　大阪府教育庁が平成29年3月に発行した「知的障がい生徒自立支援コース・共生推進教室の取組みの充実に向けて」に掲載（以下，「冊子」と言う。）の共生推進教室の生徒の卒業後の進路状況では，平成27年度では卒業生の8割が就労を実現している。また，保護者の卒業後の進路希望では，就職希望の割合が81%と高い数値になっており，本校との連携による職業教育への期待の表れと考えることができる。

## （3）教員の指導体制

　共生推進教室では，特別支援学校の基準に基づき1学級に2人の教員配置が可能であり，3学年で3学級となることから6人の教員が配置されている（本校の配置を含む）。また，設置校の教職員には，本校との兼務発令がなされており，すべての教職員が他の生徒と同様に共生推進教室の生徒の指導・支援が可能となっている。従って，設置校における共生推進教室の生徒への指導・支援では，本校の教員として配置された教員だけが担当するのではなく，高等学校の教職員全体で指導する体制がつくられている。

　設置校の日常の教育活動では，教職員でも本校籍と設置校籍の教員の区別を

特に意識することはないと聞いている。このことは長い年月をかけて徐々に確立したものだと推察するが，インクルーシブ教育システム構築や教職員の専門性の向上の観点からも重要な仕組みであると考える。

## 5 高等学校における分教室設置の教育的効果

　自立支援コースと同様に共生推進教室の教育理念は，高等学校において仲間とともに学ぶことであり，いわゆる，知的障害ある児童生徒数の増加に対応するために，高等学校の空き教室を活用して分教室を設置するということとは異なるものである。

　平成19年4月の文部科学省通知「特別支援教育の推進」では，特別支援教育の理念として「障害のある幼児児童生徒への教育にとどまらず，障害の有無やその他の個々の違いを意識しつつ様々な人々が生き生きと活躍できる共生社会の基礎となる」ものと説明されている。まさに，設置校での教育活動の柱となるのは「仲間づくり」をはじめとする生徒相互の成長にある。

　「冊子」に掲載されている自立支援コース，共生推進教室設置校の生徒や保護者等対象のアンケート結果（平成27年度）では，「自立支援コース・共生推進教室の生徒とともに学ぶ中でよかったこと（同級生対象）」として「友達になれた（21%）」「コース・教室生に支えられた（3%）」「コース・教室生と自然に接することができた（30%）」「障がいのある人に対する理解が進んだ（36%）」となっている。「ともに学ぶ」ことへの肯定的回答が90%となっていることが分かる。

## 6 おわりに

　特別支援学校と高等学校との連携による相乗効果という観点で，共生推進教室の仕組みや教育内容等を紹介してきたが，とりわけ，高等学校における特別支援教育充実に向けた相互連携を考える機会となっていれば幸いである。

　制度化から10年以上がたち，これらの取り組みのノウハウの蓄積や共有化がなされてきたとは言え，生徒一人ひとりの状況をふまえた授業づくりや学習評価では，常に工夫と改善が求められる。両校連携のもとで試行錯誤の中で進め

てきた授業をはじめとする指導・支援のアプローチは，平成28年4月施行の「障害を理由とする差別の解消の推進に関する法律」に示された「合理的配慮」の考え方に通じる面があるのではないかと考える。

　また，高等学校の新学習指導要領には「生徒の発達の支援」をはじめとする特別支援教育の観点が盛り込まれており，共生推進教室や自立支援コースの取り組みが，今後の高等学校の特別支援教育推進の一つのモデルとなるとも考えられる。特別支援学校と高等学校の連携についても，より柔軟で継続性のあるものとなり，高等学校における特別支援教育のウィングが広がることで，すべての生徒たちが将来の共生社会のしなやかで力強い担い人となることを心から願っている。

**【引用・参考文献】**

大阪府教育委員会（2017）．知的障がい生徒自立支援コース・共生推進教室の取組みの充実に向けて：10年間の成果をふまえて．大阪府教育庁教育振興室支援教育課．
小田浩伸・亀岡智美（監修）（2012）．高校で学ぶ発達障がいのある生徒のための明日からの支援に向けて．大阪府教育委員会

# 第8章

# 高等学校の特別支援教育に期待すること
—— 大学における障がい学生支援の実践から

西村優紀美

## 1 はじめに

　本章では，昨今の大学における支援の現状を踏まえて，大学支援者の立場から，高等学校の特別支援教育に期待することがらを提案する。高校での支援に触れる前に，現在，大学ではどのような考え方で障がいのある学生の支援が行われているかを紹介し，それらの情報を念頭に，高等学校段階で期待する特別支援教育の在り方について言及していきたい。

## 2 大学等における障がい学生数の増加

　2016年4月に施行された「障害者差別解消法」により，障害者に対する不当な差別的取り扱いの禁止や合理的配慮の提供が義務ないし努力義務となったことを受け，2017年4月に，文部科学省は「障害のある学生の修学支援に関する検討会」を開催し，「第二次まとめ」として報告した。ここでは，大学，短期大学及び高等専門学校（以下，大学等）における支援の在り方についての基本的な考え方と合理的配慮に関する手順，教育環境の調整等，大学等が取り組むべき内容や留意点が示されている。

　障がいのある大学生の学びを保障するこれらの動きの中，より専門的な学問を学びたいと大学進学を目指す高校生が増加している。独立行政法人日本学生支援機構が公開した「平成30年度（2018年度）大学，短期大学及び高等専門学校における障害のある学生の修学支援に関する実態調査結果報告書」によると，平成30年5月1日現在，発達障がい（診断書有り）のある学生が在籍する学校数は673校（全学校数1,169校）で，前年度の632校（全学校数1,170校）よりも41校の

増であった。また，発達障がいの診断がある学生の数は6,047人で，全障がい学生数の17.9%であり，前年度の5,174人より873人の増となっている。

## 3 大学等への進学に関する情報

　発達障がいのある高校生が大学等を受験する場合，必要に応じて障がいの状況に対応した配慮を申請することができる。

### （1）大学入試センター試験

　大学入試センター試験における配慮に関しては，2011年度より障がい区分に「発達障害」が加わり，申請書類の審査に通った場合，受験上の配慮を受けることができるようになった。必要書類のうち，状況報告書は障害区分が「発達障害」の場合，必ず提出する必要がある。この内容が申請する配慮の必要性と妥当性を示す根拠となる。

### （2）個別大学入試（二次試験）

　各大学で実施される個別大学入試（二次試験）における配慮の申請は，大学の入学者選抜要項や募集要項に記載された「障害等のある入学志願者の事前相談」の流れに沿って行われる。二次試験における配慮の審査は各大学の基準に従って行われるが，多くの大学ではセンター試験での審査に準じた形で判断されることが多い。

### （3）入学後の支援に関する情報収集

　多くの大学では，ホームページ上で障がい学生支援に関する「情報公開」を行っており，入学前から支援に関する内容や体制等の情報を得ることができる。また，オープンキャンパスで相談窓口を設けている大学もあり，事前に相談することも可能である。個別相談によって大学等の全体の様子はもちろん，各大学の特色や支援方針についても知ることができる。また，発達障がい学生の受け入れ状況や，支援ポリシーに触れることもできるため，進路先を選ぶうえで重要な情報を得ることができる機会となる。

障がい学生支援を担当する部署は大学によって名称が異なるが，それぞれにホームページを持ち，障がいのある学生への支援に関する情報の見える化を試みている。進学を目指す高校生や保護者，及び高等学校進路担当者は，大学に対して支援に関する情報を積極的に求めていくことができることを強調しておきたい。

## 4 大学等の支援に関する情報

　文部科学省の第二次まとめでは，障害者差別解消法を踏まえた「不当な差別的取扱いの禁止」や「合理的配慮の提供」に関連し，大学等が組織的に行うべきことがらが明記されている。障がいのある学生への「不当な差別的取扱い」とは，正当な理由なく障害を理由として各種機会の提供を拒否する又は提供に当たって場所・時間帯を制限するなど，障がいのない学生に対しては付さない条件を付すことである。また，「合理的配慮」とは，障がいのある大学生が他の学生と平等に「教育を受ける権利」を享有・行使することを確保するために，大学等が必要かつ適当な変更・調整を行うことである。これらは，入学前の相談から始まり，入試の際の配慮，授業等での配慮等，大学等が関係するあらゆる場面で担保される必要がある。

　大学生活を送るうえで合理的配慮が必要な場合，「合理的配慮の内容の決定に関する手順」に沿って進められていく。

　合理的配慮の内容を決定する手順は，表8-1に示されているとおりである。大学等は障がいのある学生本人の意思を尊重しながら，学生と大学等が状況を共有・認識し，双方でより適切な合理的配慮の内容を決定するための建設的対話が行われていく。実際に教育場面で合理的配慮が提供された後も，その結果を学生から聞き取るとともに，モニタリングを行い必要に応じて配慮内容の再検討が行われていく。たとえ，学生本人から配慮に関する意思表明ができない場合も，保護者や支援者から当該学生が自らの社会的障壁を認識して正当な権利を主張し意思決定や必要な申し出ができるよう，双方向の対話が継続的に行われていく。

　発達障がいの特性がある学生は，実際に起きている問題と自分自身の障害特

表8-1 合理的配慮の内容決定の手順

1. **学生からの申し出**
   - 障害学生からの意思の表明
   - 申し出がない場合，大学等から当該学生に対して適切と思われる配慮を提案するために建設的対話を働きかける
   - 必要な情報や自己選択・決定の機会を提供する
   - 根拠資料の提出
     ※資料に有無にかかわらず合理的配慮の提供について検討することが重要

2. **学生と大学等との建設的対話による合理的配慮の内容決定**
   - 障がいのある学生本人と大学等（担当教員，所属学部，研究科，障がい学生支援室等）による建設的対話
   - 建設的対話においては，本人の意思決定を重視し，一方的に合理的配慮の内容の決定が行われることを避ける
   - 必要に応じて，保護者や支援者が本人の意思決定を支援する

3. **内容決定の際の留意事項**
   - 現行の教育場面において，差別的な取り扱いや社会的障壁がないか等を個別かつ客観的に確認する

4. **決定された内容のモニタリング**
   - 必要がある場合には内容の調整を行う

性を関連づけることが難しく，さらには，さまざまな状況を把握し整理して，自分の考えをまとめあげることが苦手な人が多い。このことは障害特性そのものに起因するため，合理的配慮の提供には「本人の意思決定過程を支援する」という考え方を採用する必要がある。

このように，合理的配慮の内容を決定する際にも，入試における配慮申請と同様に，学生本人が，支援を受けることを了解し，自らの意思で合理的配慮の提供に関する話し合いに加わり，支援者と一緒に適切な配慮を求めていく姿勢が必要となってくる。

高等学校から大学への移行に必要なことがらを考える
　　──富山大学の支援を例に

　富山大学では，2007年度より発達障がいのある学生の支援を一体的に行う部署として「アクセシビリティ・コミュニケーション支援室（以下，支援室）」を設置している。障がいのある学生の受け入れに関する取り組みは表8-2の通りである。

　「チャレンジ・カレッジ」は，「発達障がいのある高校生向けの大学体験プログラム」であり，2012年度から毎年開催している。本学に入学を希望する高校生だけでなく，広く大学進学を目指している高校に向けてのプログラムとなっている。内容は支援室ホームページや電子教材で閲覧できるようになっている。参加生徒からは，「大学は難しいイメージだったけど，勉強の環境が整っていたので少し安心した。教えてもらった対処法は高校でも使えると思った」，「先輩の話を聞いて，自分自身と共通することもあった。先輩から力をもらいました」という感想があった。また，保護者からは，「先輩の学生に話が聞けてよかった」，「本人の漠然とした大学進学の思いが，少し形が見えてように思います」などの感想を聞くことができた。

　本学に合格した学生には，なるべく早く支援室につながるような仕組みを作っている。入学手続き書類に「健康調査票」があり，この中には相談希望の有無を尋ねる欄がある。支援を希望する学生あるいは保護者には入学式前に面談を行い，高等学校での支援に関する情報と，診断やアセスメント結果についての情報を求めている。

　高等学校で支援を受けなかった場合も，保護者のサポートや主治医・カウンセラーからアドバイスを受けながら高校生活を送っていることも多く，これらの情報も支援に活かすことができる。表8-3は，大学支援者が高等学校から引き継ぎたい情報の例である。配慮に関する情報だけでなく，本人がそのことにどのように関わっていたか，また，本人なりの工夫ができているかどうかが重要な情報となる。これまでの支援歴や支援方法の聞き取りは，診断やアセスメント結果と同じくらい重要な基本情報と捉えている。

　発達障がいのある学生に対する面談の意義について述べたい。

表8-2　障がい学生の受け入れ体制

| 情報発信 | • 大学ホームページで支援情報や高校生向け電子教材「大学ってどんなところ？」等を一般公開<br>• Facebookによるイベント等情報発信（大学HPとリンク）<br>• 「障害を理由とする差別の解消に推進に関する職員対応要領」の公開 |
|---|---|
| 入学前相談 | • オープンキャンパスで障がいのある方の相談窓口設置<br>• チャレンジカレッジ※への参加・個別相談<br>• 事前相談（随時）<br>※発達障がいのある高校生向けの大学体験プログラム |
| 入学後 | • 健康調査票（入学手続き書類）での相談希望確認<br>• 新入生及び保護者との初回面談<br>• 新入生オリエンテーションでの支援室紹介と支援室パンフレットの配布<br>• 所属部局との支援会議<br>• 定期面談による大学適応支援 |

　学生と支援者との面談は，ある時は「体験を時系列に沿って語る場」であり，またある時は「一つのトピックに絞って語る場」となり，「対処法を検討する場」になる。対話の中では，学生の考えや思いが語られるが，支援者の立場から見ると，「対話を通じて学生自身が自分の考えを自分の意思として自覚し，それを表明する場」を提供していることになる。ある学生は，「これまでの私の人生は，一生懸命に頑張るだけだった。診断を受けたからと言って，じゃあこんな配慮をお願いします，ということにはならない。自分の中の何が障がいで，自分には何ができるのか，私にはどんな合理的配慮が必要なのかを一緒に話し合い，相談に乗ってくれる支援者が欲しい」と言う。努力すれば他の人と同じようにできるようになると思い，頑張ってきた学生にとって，自己理解に至るまでには時間を要するものである。診断がある学生でも，自分自身の特性を他の人に説明したり，配慮を求めたりする経験自体が少ないのが現状である。このような学生に対して，支援者は学生が語る機会を保障し，語ることによって自分自身の特性や，自分に必要な配慮を知るための機会を保障することは重要な支援プロセスである。

表8-3　大学の支援に必要な高校からの情報の例

| | 内　容 | 客観的情報やエピソード | 本人の自助行動 |
|---|---|---|---|
| 1 | 体　調 | ●頭痛・腹痛等の身体症状<br>●アレルギー<br>●季節性の心身の不調 | ●体調や気分が悪いときに自ら訴えることができるか<br>●適宜，服薬等できていたか |
| 2 | クラスでの様子 | ●対人関係<br>●クラスでの過ごし方<br>●休み時間の過ごし方 | ●困った時に教員に相談できていたか<br>●休み時間や昼食時の行動 |
| 3 | 授業（各教科）での合理的配慮 | ●授業での合理的配慮の内容<br>●体育や英語で必要な配慮<br>●提出物や連絡事項の配慮 | ●本人が配慮内容の決定にどのように関わっていたか |
| 4 | パニック時の対処法やリラックス方法など | ●パニックの度合いや頻度<br>●クールダウンのプロセス<br>●パニック予防の対処法 | ●パニックになりやすい状況を回避できるか<br>●自分で前兆がわかるか |
| 5 | 教育的配慮 | ●座席の調整<br>●グループワークの際のメンバー調整等 | ●自ら困りごとを発信でき，対処法の提案ができるか |

　富山大学では，発達障がい学生の支援を始めるに当たって，最も大切にしたことがある。それは，対人的コミュニケーションの障がいがある人の支援では，支援者が彼らと誠実に向き合い，彼らの思いや考えを正しく受け止める姿勢を持つということである。そして，学生と支援者が修学支援の目的を正しく共有し，その実現のためにお互いの知恵を出し合い，一緒に試行錯誤を繰り返しながらより良い対処方法を考えていくという関係性を創り上げていくことが重要なポイントであった。この関係性が，彼らのコミュニケーション支援につながっているという自覚を大切に，支援を展開してきたことを強調しておきたい。

## 6　高等学校の特別支援教育に期待すること

　ここまで大学における支援に関することがらを紹介してきたが，ここからは大学支援者の立場から，高等学校段階における特別支援教育に期待することを述べる。

## （1）多様な学び方を知り，個々の生徒に合った学び方を認める

　高等学校までの学習に関して，ハイスピードな授業速度と多くの課題に圧倒されたというエピソードを学生から聞くことが多い。たとえば，自閉スペクトラム症の学生は，すべてを完璧にこなそうとして体調を崩したり，課題が提出できず登校しにくくなったりしたという。また，注意欠如・多動症の学生は，「苦手な科目には手をつけなかった」というエピソードや，「提出物を出したことがない」というエピソードを語ることがある。たとえば，課題の提出に関しては，期日までにできそうな量を生徒が自ら選択し確実に提出することに重点を置く方法もある。また，苦手な科目には，到達目標をスモールステップで段階的に与え，段階ごとに教師が確認していく方法がある。授業のユニバーサルデザイン化が提唱されている昨今，学習の到達目標を変えることなく学び方を柔軟に考えていく指導方法に期待したい。

　限局性学習症の学生は，初等中等教育段階まで非常に苦労してきたという話を聞く。大学では障がいによる支援ニーズが身近にある支援機器を活用することによって解消され，他の学生と同じ学びが保障される。大切なポイントは，診断名だけで支援方法を確定するのではなく，発達検査や行動観察，これまでの経験などの聴き取りを総合的に見て，どのような支援方法が適当であるかを慎重に見極めることである。複数の方法を提案し，生徒本人が最も学びやすいツールを選択できるように，教師は柔軟な対応をする必要がある。多様な学び方が提唱されているこの時代，支援ニーズに対応した多様な教育方法を採用し，生徒自らが学びに集中できる教育環境を創造することが大切である。

## （2）話し合う姿勢の醸成

　大学では，学生は教職員や支援者と話し合いながら自分なりの工夫をしたり，合理的配慮に関する意思決定をしたりする必要がある。支援者の一方的な提案に従ったり，自分の考えを押し通そうとしたりするのではなく，話し合いながらより良い方法を見つけていくというプロセスが大切である。このような話し合いの場が苦手と感じる学生もいるが，経験を積み重ねると，「一緒に考えてもらえますか」と対話の場を求めてくる学生は多い。

高等学校での支援においても，生徒が自分自身の行動を振り返り，自分の言葉で経験を語り，思いや意見を相手に伝える機会を持つ機会は必要である。コミュニケーションスキルの訓練をするというよりも，まずは生徒と教師との豊かなコミュニケーションの場を創るイメージで対話を続けることを勧めたい。彼らの語りに耳を傾けることによって，生徒は自身の語りが支援者によって社会化されていくことを経験する。対話とは相互理解のためのコミュニケーションであり，お互いに相手の考えを理解しつつ，新しい考えを一緒に創り出すことを意味している。生徒が自分に必要な配慮は何かを支援者との対話の中で見つけていく作業は，彼らのセルフアドボカシーに関わる意識を育てることにつながるものと考える。

## 【引用・参考文献】

文部科学省「障害のある学生の修学支援に関する検討会報告（第二次まとめ）について」
　　http://www.mext.go.jp/b_menu/shingi/chousa/koutou/074/gaiyou/1384405.htm
独立行政法人日本学生支援機構（2017）平成28年度（2016年度）大学，短期大学及び高等専門学校における障害のある学生の修学支援に関する実態調査結果報告書。
西村優紀美（2018）高校から大学への支援の移行－小谷裕美，村田淳編著「高校・大学における発達障害者のキャリア教育と就活サポート」，黎明書房，60-64.
西村優紀美（2018）大学進学への移行支援，松村暢隆編著「2E教育の理解と実践－発達障害児の才能を活かすー」金子書房。
富山大学学生支援センター　アクセシビリティコミュニケーション支援室ホームページ
　　http://www3.u-toyama.ac.jp/support/communication/index.html

## ▌著者紹介（執筆順）

小田　浩伸　（おだ・ひろのぶ）　編者・大阪大谷大学教育学部教授

田中　裕一　（たなか・ゆういち）　兵庫県教育委員会事務局特別支援教育課
副課長兼教育推進班長
（前 文部科学省初等中等教育局特別支援
教育課特別支援教育調査官）

松野　良彦　（まつの・よしひこ）　大阪府立岬高等学校校長

矢田　栄美　（やた・えみ）　大阪府立堺東高等学校指導教諭

黒崎　千春　（くろさき・ちはる）　島根県立出雲農林高等学校教頭

加納　明彦　（かのう・あきひこ）　大阪芸術大学教養課程教授

熊本由以子　（くまもと・ゆいこ）　長崎県立佐世保中央高等学校
定時制課程昼間部教諭

副島　勇夫　（そえじま・いさお）　大阪府立柴島高等学校指導教諭

濵本　秀伸　（はまもと・ひでのぶ）　立花学園立花高等学校教諭

清岡奈津子　（きよおか・なつこ）　東朋高等専修学校教諭

長谷川陽一　（はせがわ・よういち）　桃山学院教育大学人間教育学部教授

西村優紀美　（にしむら・ゆきみ）　富山大学保健管理センター准教授

## ▎監修者紹介

### 柘植雅義(つげ・まさよし)

　筑波大学人間系障害科学域教授。愛知教育大学大学院修士課程修了，筑波大学大学院修士課程修了，筑波大学より博士（教育学）。国立特殊教育総合研究所研究室長，カリフォルニア大学ロサンゼルス校(UCLA)客員研究員，文部科学省特別支援教育調査官，兵庫教育大学大学院教授，国立特別支援教育総合研究所上席総括研究員・教育情報部長・発達障害教育情報センター長を経て現職。主な著書に，『高等学校の特別支援教育 Q&A』（共編，金子書房，2013），『教室の中の気質と学級づくり』（翻訳，金子書房，2010），『特別支援教育』（中央公論新社，2013）『はじめての特別支援教育』（編著，有斐閣，2010），『特別支援教育の新たな展開』（勁草書房，2008），『学習障害(LD)』（中央公論新社，2002）など多数。


## ▎編著者紹介

### 小田浩伸(おだ・ひろのぶ)

　大阪大谷大学教育学部教授。教育学部長。特別支援教育実践研究センター長。障がい学生支援室長。兵庫教育大学大学院学校教育研究科障害児教育専攻修了。学校教育学修士。大阪府立支援学校教諭，大阪府教育センター指導主事，大阪大谷大学准教授を経て現職。日本 LD 学会常任理事。日本リハビリテイション心理学会理事。特別支援教育士 SV。学校心理士 SV。心理リハビリテイション SV。専門は，特別支援教育，自立活動，特別支援教育コーディネーター，「わかる」授業づくりに関する実践研究。主な著書に『高等学校における特別支援学校の分校・分教室』（共編，ジアース教育新社，2017），『高等学校で学ぶ発達障がいのある生徒の「明日からの支援に向けて」』（監修，ジアース教育新社，2012），『高等学校で学ぶ発達障がいのある生徒のための「共感からはじまる "わかる授業 "づくり」』（監修，ジアース教育新社，2012）ほか多数。

ハンディシリーズ 発達障害支援・特別支援教育ナビ

高等学校における特別支援教育の展開

2020 年 6 月 17 日　初版第 1 刷発行　　　　　　　　　　［検印省略］

監修者　　柘　植　雅　義
編著者　　小　田　浩　伸
発行者　　金　子　紀　子
発行所　㈱金　子　書　房

〒112-0012　東京都文京区大塚 3-3-7
TEL　03-3941-0111 ㈹
FAX　03-3941-0163
振替　00180-9-103376
URL　http://www.kanekoshobo.co.jp

印刷／藤原印刷株式会社　製本／一色製本株式会社
装丁・デザイン・本文レイアウト／ mammoth.